A BÍBLIA E AS COTAS

Marcos Davi de Oliveira

A BÍBLIA E AS COTAS

Reflexões pastorais sobre ações afirmativas

ALTA BOOKS
GRUPO EDITORIAL

A bíblia e as cotas

Contra o Vento é uma empresa do Grupo Editorial Alta Books (STARLIN ALTA EDITORA E CONSULTORIA LTDA).

ISBN: 978-65-5319-015-3

Impresso no Brasil — 2ª Edição, 2025 — Edição revisada conforme o Acordo Ortográfico da Língua Portuguesa de 2009.

DADOS INTERNACIONAIS DE CATALOGAÇÃO NA PUBLICAÇÃO (CIP)
(BENITEZ Catalogação Ass. Editorial, MS, Brasil)

O48b
2. ed. Oliveira, Marcos Davi de
A bíblia e as cotas : reflexões pastoriais sobre ações afirmativas / Marcos Davi de Oliveira. – 2. ed. Rio de Janeiro : Contra O Vento, 2025.
116 p.; 16 x 23 cm

Bibliografia.
ISBN 978-65-5319-015-3

1. Ações afirmativas. 2. Evangelhos. 3. Igreja cristã. 4. Justiça social. 5. Políticas públicas. I. Título.

05-2025 / 228 CDD 261.83

Índice para catálogo sistemático :
1. Ações afirmativas : Justiça social : Aspectos religiosos : Cristianismo 261.83
Aline Graziele Benitez – Bibliotecária – CRB-1/3129

Produção Editorial: Grupo Editorial Alta Books
Diretor Editorial: Anderson Vieira
Editor da Obra: Eduardo de Proença
Vendas Governamentais: Cristiane Mutüs
Gerência Comercial: Claudio Lima

Gerência Marketing: Andréa Guatiello
Revisão: Barbara Melo
Diagramação: Luana Vulcano
Capa: Victoria Cristina Eduardo

ALTA BOOKS
GRUPO EDITORIAL

Rua Viúva Cláudio, 291 — Bairro Industrial do Jacaré
CEP: 20.970-031 — Rio de Janeiro (RJ)
Tels.: (21) 3278-8069 / 3278-8419
www.altabooks.com.br — altabooks@altabooks.com.br
Ouvidoria: ouvidoria@altabooks.com.br

Editora **afiliada à:**

À minha mãe, Jacintha Silva Oliveira.
Mulher negra que sempre tratou os filhos com igualdade
e que ama as Escrituras com devoção.

Enquanto o negro estiver em casa não precisará,
salvo por ocasião de pequenas lutas intestinas,
confirmar seu ser diante de um outro. ”

(Frantz Fanon)

Neste livro sofri a influência de muitas pessoas queridas. Pessoas que me fizeram refletir, questionar e desconstruir até as minhas próprias concepções que, muitas vezes, estavam repletas de ideologias. Obviamente, a busca por justiça histórica sempre será confundida por posturas ideológicas. Mas, podemos nos abster delas quando conseguimos ver caminhos que levam à igualdade.

Agradeço aos meus amigos do grupo do discipulado Justiça e Reconciliação. Jovens negros e brancos que me ajudam a cada encontro a refletir sobre a realidade racial no Brasil. Gente que tem sensibilidade de perceber o quanto a igreja protestante pode ser um agente transformador na sociedade. Mas também pode ser mantenedora do status quo. Agradeço a cada um que participa voluntariamente deste programa que tem a busca da justiça sem deixar de objetivar a reconciliação racial. Que propõe a reconciliação entre brancos e negros sem enfraquecer na luta por justiça.

Agradeço aos meus filhos por serem quem são e por me fazerem sentir cada dia melhor por ter os filhos que tenho. E agradeço a Nilza Valeria, por sempre se importar.

Agradeço aos amigos que me ajudaram nas reflexões dando-me incentivo para escrever este texto que espero ser importante para o crescimento das análises da igreja evangélica no Brasil. Dentre eles Vilma Schatzer, Flavio Conrado, Clemir Fernandes, Eduardo Nunes e Ariovaldo Ramos que escreveu o prefácio desta obra.

Agradeço também a alguns mantenedores que acreditam em meu chamado junto às questões raciais no Brasil. Sou grato por ajudarem dando algumas colaborações e orando em vários momentos difíceis.

Sobretudo, agradeço ao Senhor de toda igualdade e justiça que manifesta em minha vida a Sua graça e misericórdia.

Sumário

APRESENTAÇÃO

Você pode discordar. Você pode concordar. Você pode emendar. Você só não pode ser indiferente. Você não pode mudar de assunto. Marco Davi de Oliveira nos convida a não fugir, a não temer o debate. E isto não por motivos teóricos ou conceituais, mas por um dever cristão, o imperativo da justiça.

Alcançar justiça é a promessa para os que têm fome e sede dela. Para os que dela têm necessidade para viver. E justiça, não importa a definição que você use, não é o que cidadãos negros e negras vivem no Brasil.

O Brasil mata 30 mil jovens por ano, destes quase 80% eram negros, segundo dados do Mapa da Violência 2014. Segundo o Índice de Vulnerabilidade Juvenil à Violência e Desigualdade (IVJ) 2014, as chances de um rapaz negro entre 12 e 29 anos ser assassinado no Brasil é 2,5 vezes maior em relação aos brancos. Entre 2002 e 2012, por exemplo, o número de homicídios de jovens brancos caiu 32,3%, enquanto o dos jovens negros aumentou 32,4%.

O sistema socioeducativo brasileiro possui 15.414 vagas para 18.378 internos. A maioria desses jovens são negros e pobres e tem como motivo de sua internação crimes de caráter não violento, como roubo.

As chances de um menino negro chegar ao final de um curso superior de "ponta" são quase as mesmas que um brasileiro morrer atingido por um raio. Mesmo que em condições semelhantes (escolaridade própria, escolaridade dos pais, local e nascimento, renda da família, etc.), um trabalhador negro ainda ganha, em média, 82% do que ganha um branco. 93% dos médicos brasileiros são brancos. Na outra ponta da escolaridade, 76% dos trabalhadores domésticos são negros

Poderia listar aqui mais um cabedal de estatísticas. Mas não preciso. Basta olhar para o lado, basta revisar mentalmente as vezes que viu negros em posições de destaque, nos bancos das escolas de elite, etc. Não há como negar que ser negro no Brasil é largar de um ponto de desvantagem em relação aos brancos. Não há igualdade, exceto na letra da lei, exceto no ensino do Evangelho.

Os dados nos provam que o racismo, uma ação negativa, que promove injustiça, existe nas práticas sociais e institucionais, inclusive nas do Estado (visíveis principalmente, mas não só, nas ações da polícia e da justiça). Por que não deveria existir uma contramedida, uma ação afirmativa? Esta é a provocante pergunta que Marco Davi nos convida a responder à luz dos ensinamentos bíblicos.

As cotas podem ser uma aspirina diante de uma infecção generalizada do racismo. Mas, negar a infecção é negar que temos a responsabilidade de curá-la. Isto equivale a não se importar com a justiça. Isto equivale a não se seguir o modelo de Cristo. Isto é exatamente contrário ao que a Bíblia apresenta.

Como seres humanos que somos, tendemos a ver somente a injustiça da qual somos vítimas primárias. Revolta-nos, com razão, a insegurança, a corrupção, a descortesia, o carro estacionado na calçada em frente á nossa casa, o esgoto descartado nos rios etc. Também facilmente nos indignamos com as vítimas de uma guerra longínqua, com a maldade dos que escravizam crianças para guerra ou comentem toda sorte de violência em nome da religião ou de sua tribo. A injustiça que me atinge e a injustiça que atinge a quem está distante são mais facilmente percebidas.

Porém, como seres humanos que somos, tendemos a não nos ver como perpetradores da injustiça. A não nos percebermos como parte do problema. O texto de Marco nos chama a olhar no espelho não para gerar desespero, mas para mudarmos. E faz um chamado a refletir como, nas palavras do próprio autor o "nosso racismo que não tem sido moral (só em alguns que não se comportam como seres humanos) também deixe de ser sistêmico".

Genericamente chamamos isto de preconceito, mas sua forma se concretiza na injustiça. Combater o preconceito arraigado em nossa cultura, em nossa educação, em nossos valores é uma tarefa social de máxima importância. E uma tarefa cristã por excelência, já que o cristianismo foi a primeira linha na defesa da igualdade "em Cristo, não há diferenças". A tarefa de superar o preconceito passa por etapas e por muitos processos. Dentre eles minimizar as injustiças, compensar os defeitos provocados pelo sistema.

Em um texto que coloca um olho na Bíblia outro no jornal, Marco Davi convida-nos a refletir sobre isto com a companhia da Palavra de Deus. Um convite irrecusável.

Aceite o convite, discorde, concorde ou emende. Só não finja que não é com você.

Eduardo Nunes
Diretor de Estratégia e Inovação da Visão Mundial,
escritório para América Latina e Caribe.
Professor da Universidade de São Paulo

PREFÁCIO

Quanto tempo leva para que um crime seja reparado? Talvez a pergunta seja: pode um crime ser reparado?

A Bíblia nos conta, no livro do Gênesis, que o primeiro assassinato aconteceu entre irmãos, o irmão mais velho matou um irmão mais novo. O nome do assassino é Caim, e o nome da vítima é Abel.

Deus, que já havia advertido Caim de que a inveja que ele estava desenvolvendo em relação ao irmão poderia levá-lo ao crime, veio perguntar-lhe sobre o que ele fez, tão logo o desfecho de seu ato gerou um clamor por todos os tempos: o sangue de Abel clamava por justiça.

Caim não tinha resposta, porque não há o que dizer diante de um crime. Deus, então decretou seu banimento da humanidade, por onde quer andasse, todos saberiam que ele se tornara indigno entre as criaturas de Deus.

Milênios depois, a carta aos Hebreus, no Novo Testamento, ainda falava do clamor do sangue de Abel, agora, somado ao sangue do próprio Cristo.Por isso, a pergunta se mantém: pode um crime, de fato, ser reparado?

E um crime perpetrado contra gerações de um povo, por 350 anos?

É disso que falamos, quando discutimos a escravidão dos africanos pelos brasileiros, começando com os portugueses, antigos dominadores das terras chamadas, por estes, de brasileiras.

A exploração do trabalho africano pelos brasileiros, de então, é a causa da riqueza adquirida pelos brasileiros que, nos tempos do império, fez o Brasil se apresentar como uma das potências das Américas, a ponto de fazer do Imperador brasileiro, um político admirado além das fronteiras nacionais.

Quando então, o Imperador, pressionado pelos interesses britânicos, não tinha mais como sustentar uma economia escravagista, portanto – incompatível com a revolução industrial que já se anunciava – forja as condições para que a sua filha proclamasse, da pior forma possível, a mais injusta das abolições.

Começa, assim, o segundo ciclo do sofrimento dos afrodescendentes: o banimento para a pobreza, para a condição de sub-raça, condenado a sub-moradia, à indigência e a negação ao acesso aos elementos, mínimos necessários, para o progresso pessoal e social. Portanto, a negação ao direito universal do ser humano.

Há um crime irreparável, cometido pelos brasileiros de então, cujo sangue das vítimas clama aos céus por justiça. E se os descendentes dos escravocratas não fizeram movimentos na direção da reparação pairará sobre estes o mesmo clamor que pairava sobre aqueles. Com a agravante de que, os negros, hoje, são apenas brasileiros em busca dos direitos que lhes tem sido negados por causa de sua origem, e que exigem a reparação necessária para que a sua cidadania brasileira seja plena.

É nessa lógica que se inserem as cotas, as políticas afirmativas. O texto do Pr. Marco Davi não deixa dúvidas sobre isso.

Ariovaldo Ramos
Pastor, escritor e presidente
da Visão Mundial Brasil,

INTRODUÇÃO

Queremos refletir aqui sobre um assunto que no Brasil tem sido motivo de muitas discussões. As políticas públicas são necessidades importantes para dirimir a diferença entre pobres e ricos no país. Mas, quando se trata de políticas específicas para a população negra a questão se torna ainda mais acirrada nas discussões.

As políticas de ações afirmativas, também chamadas políticas de discriminação positiva, são assuntos correntes na academia intelectual e também no Movimento Negro brasileiro. Infelizmente, elas não têm sido aprovadas por grande parte da sociedade brasileira, mas há alguns anos tem estado nos debates de várias camadas sociais. As políticas de ações afirmativas já foram aprovadas pelo governo federal sendo já sancionadas pela presidenta Dilma Rousseff abrangendo as cotas raciais e sociais nos vários setores, como universidades federais. Um exemplo disto ocorreu no mês de outubro de 2012[1]. Entretanto, outras áreas foram contempladas pelo governo federal como as cotas para negros nos concursos públicos federais[2].

É bem verdade que as ações afirmativas têm, exclusivamente, um ponto mais incomodativo que são as cotas nas universidades. Mesmo não sendo a única política afirmativa como já sinalizamos acima.

Durante as várias discussões sobre o tema notamos a necessidade de definições e de esclarecimento, pois muitos têm discutido o assunto sem um conhecimento mais abrangente. Isso acontece em todas as instâncias de nossa sociedade devido a distância de setores envolvidos, ora no desejo de que haja a implementação das políticas de ações afirmativas em todo o Brasil, ora no desejo de que estas políticas não deem certo. Mas, o fato é que muitos não sabem o que são as políticas de ações afirmativas e a maioria nem sequer tem conhecimento de que estas questões são tão importantes, principalmente, para a população negra, no caso das políticas especificamente raciais.

O que dizer então das políticas de ações afirmativas como assunto entre os evangélicos?

No Brasil, as políticas afirmativas não são nenhuma novidade, mas em se tratando de políticas que visem reparação por sofrimentos sofridos por causa de racismo, o país ainda precisa dar uma resposta à população de maneira convincente e prática.

O que dizer da igreja evangélica brasileira? A igreja evangélica brasileira em sua maioria está muito distante das questões relacionadas à promoção de justiça visando igualdade racial no Brasil. Por isto, muitos membros das igrejas não têm nenhum conhecimento sobre as políticas de ações afirmativas. Muitos falam contra as cotas sem terem compreensão do que elas significam na verdade. São levados, não por argumentos sólidos mesmo que contrários, mas por tudo que recebem da mídia ou do que ouvem. Até se manifestam contrários por medo de que haja um acirramento entre negros e brancos, o que seria contrário ao evangelho crido e pregado. Ainda faltam muitas informações que possibilitem maior esclarecimento entre os evangélicos quanto às políticas de ações afirmativas.

Este texto é uma simples tentativa de trazer à luz informações esclarecedoras para que a população seja mais consciente quando abordada sobre as ações afirmativas. Uma abordagem que visa dar ao seguimento evangélico do Brasil uma maior base para discussão.

Quero ressaltar que, não sendo biblista, não pretendo trazer uma reflexão acadêmica. Por isso peço, desde já, licença aos estudiosos da bíblia e afirmo que as análises feitas neste espaço serão exclusivamente pastorais e não tenho objetivo de rebuscar as interpretações com exegeses profundas que me fariam cometer erros desrespeitosos aos pesquisadores que debruçam nesta tão importante área.

A bíblia tem sido usada, muitas vezes, como instrumento de manutenção do *status quo* que favorece, infelizmente, a quem detém poder ou vantagens. Através da bíblia muitos líderes têm dominado povos, famílias e comunidades. E ela foi usada como instrumento de colonização e opressão. Como critica Frosotti:

> A bíblia é uma ferida porque não foi neutra. No período colonial, foi chamada como testemunha de que Deus estava do lado do Rei, do Senhor de escravos, do rico, do bispo, do branco, do homem. Uma ferida, e uma ferida mortal que procurou matar a liberdade, a dignidade, a fé e a identidade do povo negro. Aos olhos do homem e da mulher negra a bíblia foi o ferro em brasa, a mordaça, as algemas que os mantinham presos no 'doce inferno', como era chamado o engenho de açúcar[3].

Às vezes, por falta de um conhecimento claro dos instrumentos exegéticos e hermenêuticos, mas também, e isso tem sido uma constância, por maldade e vontade de enriquecimento individual e familiar, muitos religiosos fazem da bíblia uma arma de engano, manipulação e injustiça.

Portanto, o tema que propomos, *a priori*, é um grande desafio, pois é desconfortante para muitos que são contra políticas que visem igualar a situação social entre brancos e negros brasileiros.

Todavia, a bíblia tem sido usada também para refletir as demandas sociais na tentativa de dar respostas aos sofrimentos experimentados pelo povo. Vemos na Teologia da Libertação e na Teologia da Missão Integral tentativas de fazer das Sagradas Escrituras uma fonte de libertação e reflexão social que dê à sociedade mais abrangência sobre os caminhos que Deus tem para aqueles que são oprimidos e excluídos. Os negros, nas comunidades cristãs espalhadas pelo Brasil e por toda a América, ressignificaram a leitura da bíblia e sua interpretação.

> percebemos que nosso povo fez suas interpretações da bíblia, construiu sua hermenêutica. Descobriu chaves de leitura que lhe permitiram tomar em suas mãos a palavra de Deus tão manipulada e anunciada pelo colonizador-evangelizador como justificação e legitimação do sistema escravista, da exploração e dos sofrimentos a que era submetido. Soube transformá-la em palavra de consolo, resistência na dor, não simplesmente alienação e libertação. Houve uma interpretação bíblica que lhe permitiu experimentar uma fé não marcada por um dualismo excludente em relação à fé do outro ou a distintos aspectos de sua própria fé. [...] há uma forma particular de 'ler', de entender a bíblia que possibilita esta experiência religiosa, ou seja, que possibilita este gozar da criatividade e diversidade nas formas de expressão, de manifestação de Deus[4].

Nesta proposta, queremos olhar para a bíblia como a fonte primária para as políticas de ações afirmativas. Pois, nela temos as respostas para as ações de Deus na história do povo oprimido. E o povo oprimido é o seu povo. O povo negro é o povo de Deus. Os pobres, escravizados, marginalizados, violentados, torturados são o povo de Deus. O povo que Deus se identifica e se compadece. Quando lemos a bíblia diligentemente notamos claramente a opção de Deus por aqueles que estão sendo oprimidos, seja individual, coletiva, econômica ou socialmente. Um exemplo disso está no livro de Êxodo capítulo 1: 1-14 e o capítulo 3: 7-8a. Vejamos: ...os filhos de Israel frutificaram e aumentaram muito e se tornaram sobremaneira fortes, de modo que a terra se encheu deles. Então subiu ao trono do Egito um novo rei... Disse ele ao seu povo: Vejam! O povo israelita é agora numeroso e mais forte que nós. Temos que agir com astúcia, para que não se tornem ainda mais numerosos e, no caso de guerra, aliem-se aos nossos inimigos, lutem contra nós e fujam do país. Estabeleceram, pois, sobre eles chefes de trabalhos forçados, para os oprimir com tarefas pesadas. Todavia, quanto mais eram oprimidos, mais numerosos se tornavam e mais se espalhavam. Por isso os egípcios passaram a temer os israelitas, e os sujeitaram a cruel escravidão. Tornaram-lhes a vida amarga, impondo-lhes a árdua tarefa de preparar o barro e fazer tijolos, e executar todo o tipo de trabalho agrícola; em tudo os egípcios os sujeitavam a cruel escravidão. [...] Disse o Senhor: De fato tenho visto a opressão sobre o meu povo no Egito, tenho escutado o seu clamor, por causa dos seus feitores, e sei quanto eles estão sofrendo. Por isso desci para livrá-los... e tirá-los daqui para uma terra boa e vasta, onde manam leite e mel...

O texto nos diz que Deus não é um Deus apático ao sofrimento do seu povo. Deus é um Deus que intervém na história. Algumas podemos aprender aqui. Primeiro, Deus vê o sofrimento do povo oprimido. O verso diz: "*De fato tenho visto a opressão sobre o meu povo*". Creio num Deus que vê e se importa com o sofrimento de um povo.É por isto que posso ver e ter esperança de ver, ainda mais, muitas mudanças no Brasil. Quero ver e verei igualdade racial e social nesta nação e, porque não dizer, as políticas de ações afirmativas na oportunidade de trabalho, na cultura, nas universidades, nos setores de produção, no processo político brasileiro.

Segunda lição que podemos aprender, é que Deus ouve o clamor do povo oprimido. Outra parte do que lemos diz: "*tenho escutado o seu clamor*". Sim, Deus não só vê, mas também escuta a voz de quem sofre. Deus ouviu o clamor de dor dos negros e negras escravizados no Brasil, nas Américas e África e continua a ouvir o grito dos oprimidos. O grito dos oprimidos causa náuseas em Deus. Ele se incomoda com o clamor do sangue de quem sofre a violência, de quem experimenta a dor do descaso econômico, cultural e social.

E em terceiro lugar, Deus sente a dor, o sofrimento de quem está sendo oprimido. Fico a imaginar os sentimentos de Deus ao ver os negros sofrendo no Brasil ontem e hoje. Talvez ele diga a mesma coisa ainda hoje: "sei quanto eles estão sofrendo". Imagine a dor que Deus sentiu quando via os negros sendo tirados das suas terras sem terem possibilidade de escolha. Como Ele amargou de sentir a dor quando as pessoas eram violentadas, maltratadas, ultrajadas covardemente pelos senhores de engenhos ou por outros negros que cumpriam ordens. Quanta dor sentiu Deus ao perceber o Estado brasileiro legitimando através de leis os acoites, as chibatadas, os afogamentos, os calabouços, as correntes. Quanta dor! Deus sente a dor dos oprimidos ainda hoje quando olha a maneira como negros e negras são tratados no mercado de trabalho, quando mulheres negras são violentadas em suas dignidades no sistema de saúde que as trata de maneira diferente. Deus sente a dor dos oprimidos quando percebe a população negra com muito mais dificuldades de ter acesso às universidades. Sente dor quando nota a violência contra a juventude negra no Brasil. Geme de dor quando sente o que sentem as crianças no interior desta nação ainda sem escola, sem registro de nascimento, sem esperança de vida e sem futuro. Deus sente **dor. Muita dor... A dor dos oprimidos.**

O interessante é que Deus se compadece e desce na história para livrar os oprimidos. O texto mostra que Deus desce para livrar e levar para um lugar de esperança. "*Por isso desci para livrá-los... e tirá-los daqui para uma terra boa e vasta, onde manam leite e mel*". Sim. Deus não é apático e nem distante das dores que Ele mesmo sente. Deus vem na direção de quem sofre e age em seu favor. Hoje mesmo, diante das lutas que ainda continuam contra nós, temos um advogado que milita por nós. Que desceu deixando a Sua glória e seu poder para nos alcançar e livrar. Por causa dos oprimidos Deus se encarna e se faz homem, negro como os negros, pobre como os pobres, para trazer libertação e nos levar para um lugar de esperança. Aprendemos a resistir, agora experimentaremos a esperança. Essa esperança nunca acabará até vermos igualdade racial no Brasil. Até experimentarmos a terra que mana leite e mel. Esse processo que está sendo iniciado através das políticas de ações afirmativas promovendo igualdade tem na bíblia sua aprovação. Podemos ver na Palavra de Deus que políticas de ações afirmativas são coisas de Deus porque a Ele a justiça agrada.

Espero que o leitor ao ler este texto compreenda isto e se motive a não aceitar as propostas que o mundo da desigualdade oferece. Que o leitor possa, sendo de qualquer credo, entender que as políticas de ações afirmativas são a maneira divina de reparar as atrocidades acontecidas no Brasil. A implementação de políticas públicas voltadas à população negra no Brasil tirará o juízo de Deus sobre nossa nação e trará o perdão do Criador sobre nós, povo brasileiro.

Logo, estas reflexões não têm a pretensão de encerar o assunto, mas de trazer às mentes de cristãos ou não, e algumas bases oriundas da bíblia sobre as políticas públicas que beneficiarão os que foram espoliados por meio de uma estrutura opressora.

Tentaremos esclarecer alguns pontos que ajudarão na compreensão da necessidade de equiparação econômica e de oportunidades que virão somente através de um corte na estrutura deste sistema que está ainda baseado nas estruturas vigentes no passado que tinha o conceito de raça como pêndulo e que deixou a população negra distante dos setores de decisão e da participação nas instâncias econômica, sociais e culturais. Tudo isso à luz da bíblia que norteia a nossa caminhada cristã.

Notas

1 "A cota de 50% deverá ser implantada por todas as universidades e institutos federais até o início do segundo semestre de 2016. A lei exige que, até lá, as instituições apliquem pelo menos 25% da reserva de vagas previstas no texto a cada ano. Isso significa que, a partir de 2013, uma instituição com mil vagas abertas deverá reservar 12,5% delas para estudantes de escolas públicas, sendo que 7,25% das vagas serão para estudantes de escola pública com renda familiar de até 1,5 salário mínimo per capita e uma porcentagem definida pelo Censo do IBGE para estudantes de escola pública que se autodeclarem pretos, pardos ou indígenas". Governo publica lei que regulamenta as cotas nas universidades federais. *G1*, 15 out. 2012. Disponível em: http://g1.globo.com/educacao/noticia/2012/10/mec-publica-regulamentacao-da-lei-das-cotas-nas-universidades-federais.html. Acesso em: 3 jun. 2025.

2 "A presidente Dilma Rousseff assinou nesta terça-feira (5), durante a abertura III Conferência Nacional de Promoção da Igualdade Racial (Conapir), em Brasília, uma mensagem ao Congresso Nacional enviando projeto de lei que reserva 20% das vagas em concursos públicos de órgãos do governo federal para negros". Disponível em: http://www.igualdaderacial.ba.gov.br/2013/11/dilma-abre-conferencia-nacional-de-promocao-da-igualdade-racial-e-assina-proposta-de-cotas-raciais-para-o-servico-publico/.

3 Frosotti, Heitor. O povo negro e a Bíblia – retomada histórica. *In*: Schwantes, Milton (coord.). *Mundo negro e leitura bíblica*. Revista de Interpretação Bíblica Latino-Americana, v. 19, 1994, p. 37.

4 Silva, Regina de Lima. Há sapatos velhos que fazem calos nos pés: ensaio de releitura bíblicaa partir da realidade afro-latino-americana e caribenha. *In*: Schwantes. Milton (coord.). *Mundo negro e leitura bíblica*. Revista de Interpretação Bíblica Latino-Americana, v. 19, 1994, p. 30-31.

PARTE UM

1. O que são as políticas de ações afirmativas?

Talvez uma das coisas mais difíceis de realizar quando se debruça num assunto polêmico é a área da definição. Faz-se necessário definir os termos para que possamos progredir no entendimento da matéria que é objeto de análise e de discussão. Portanto, neste espaço vamos mostrar algumas das várias definições existentes sobre as políticas de ações afirmativas e, através destas, pontuar o melhor caminho para o esclarecimento daqueles que dão a alegria de nos acompanhar neste reino das ideias.

As políticas de ações afirmativas podem ser definidas, segundo o ex-ministro Edison Santos no prefácio do livro lançado pelo Instituto de Pesquisa Econômica Aplicada (IPEA), *A Constituição de uma Política de Promoção da Igualdade Racial: Uma análise dos* últimos *20 anos,* como: "políticas voltadas à concretização do princípio constitucional da igualdade e à neutralização dos efeitos da discriminação racial". Para o autor, a igualdade é um princípio defendido pela constituição e, por isso, deve ter prioridade. Para que haja igualdade concreta, os efeitos, as consequências, os resultados da desigualdade promovidos pela discriminação devem ser sanados através de políticas concretas.

Já para Antônio Sérgio Alfredo Guimarães, as ações afirmativas são "políticas específicas voltadas para a ascensão dos negros no Brasil"[1]. Guimarães (1999) informa que essas políticas largamente discutidas nos Estados Unidos, têm quatro perspectivas de discussão. A perspectiva axiológica e normativa que valoriza o mérito de cada indivíduo independente de suas condições culturais, econômicas ou sociais. A perspectiva liberal que aceita discutir a situação de cada indivíduo dando aos que mais sofrem tratamento diferente, mas isso seria somente em alguns casos bem específicos. Outra perspectiva é considerada conservadora por atribuir aos indivíduos total responsabilidade por seus destinos e suas escolhas. Esta situação já está determinada pelas características daqueles que fazem parte de grupos étnicos, raciais, religiosos que sofrem desvantagens sociais. Essas desvantagens são atribuídas a tais grupos devido as suas próprias características. E, por fim, segundo o autor, a perspectiva esquerdista mostra que há uma realidade de opressão, discriminação e exploração sistemática de grupos dominados[2].

As políticas de ações afirmativas recentemente implantadas no Brasil têm a intenção de reparar as injustiças historicamente instaladas na sociedade que veio a resultar na hiperdesigualdade sofrida principalmente por negros em todo o país. Como disse Telles, "o objetivo da ação afirmativa é reduzir a desigualdade racial e aliviar seus sintomas". Para o autor, essa desigualdade e seus sintomas trouxeram muitos problemas e o ataque das políticas públicas deve abranger algumas áreas para que possa ter o sucesso desejado.

> No Brasil, isto requer que sejam atacadas as três maiores barreiras da verdadeira democracia racial: a hiperdesigualdade, as "barreiras invisíveis" e a cultura racista. Se o governo brasileiro deseja fazer uma diferença significativa na vida da maioria dos pretos e pardos, necessita desenvolver um conjunto de políticas que combinem políticas sociais universalistas de desenvolvimento para reduzir a hiperdesigualdade existente no país com ação afirmativa de natureza racial, que possa anular as barreiras invisíveis e minorar a cultura racista"[3].

Estas perspectivas nos dão uma compreensão do valor das políticas de ações afirmativas para a transformação social no Brasil. Portanto, faz-se necessário ter uma abordagem bíblica a respeito de um assunto fundamental para a sociedade brasileira. Logo, deve ser para a igreja cristã, que tem em sua membresia a maioria de negros e pardos conforme o senso do IBGE realizado em 2010.

Para relembrar e refletir

1. O que são as políticas de ações afirmativas?
2. Quais são as quatro perspectivas de discussão sobre as políticas de ações afirmativas?
3. Você acha que há desigualdades entre negros e brancos no Brasil? Por quê?
4. O que o Estado brasileiro precisa fazer para diminuir as desigualdades no Brasil?

Notas

1 Santos, Edison. Prefácio. *In*: *A construção de uma política de promoção da igualdade racial*: uma análise dos últimos 20 anos. Brasília: Ipea, 2009, p. 7.

2 Guimarães, Antonio Sérgio Alfredo. *Racismo e anti-racismo no Brasil*. São Paulo: Editora 34, 1999, p. 149.

3 Guimarães, Antonio Sérgio Alfredo, *op. cit.*, p. 150.

4 Telles, Edward. *Racismo à brasileira:* uma nova perspectiva sociológica. Rio de Janeiro: Rulume Dumara, 2003, p. 274.

5 *Ibid.*

2. AÇÕES AFIRMATIVAS NO MUNDO E NO BRASIL: UMA REALIDADE

As políticas de ações afirmativas não são invenções de quem não tem o que fazer. Essas políticas que reparam socialmente as injustiças históricas cometidas contra grupos específicos se tornaram realidade no mundo e também no Brasil.

Quando pensamos em políticas de ações afirmativas vêm as nossas mentes a experiência dos Estados Unidos. O modelo norte-americano ultrapassou as fronteiras nacionais e se transformou numa espécie de paradigma para a maioria dos países que implantaram essas políticas reparatórias.

Por quase todo o mundo as políticas de ações afirmativas já foram implantadas. Notamos essas políticas na África do Sul, em 1996, para diminuir as desigualdades resultantes da política do *apartheid*. Também o Canadá, em 1982, adotou as políticas de ações afirmativas. Vemos ainda na Espanha, Alemanha, Argentina, Colômbia e Paraguai. Sem falar naqueles países que colocaram em seus textos constitucionais formas de protegerem as populações vulneráveis como a Finlândia, Suécia, Bulgária, Polônia, Romênia, República Tcheca, Áustria e Iugoslávia. Portanto, podemos notar que estas políticas adquiriram âmbito internacional enorme.

No Brasil tivemos e mantemos, como ressaltamos acima, algumas políticas que visam diminuir o racismo existente nas instituições e programas governamentais. Embora políticas direcionadas para a população negra sejam inéditas no Brasil, já aconteceram políticas afirmativas no país que não tinham os negros como foco. Algumas dessas políticas também tentavam diminuir as desigualdades sociais. Como, por exemplo, a chamada "Lei do Boi" (Lei 5.465/68)[1], que era destinada aos agricultores e filhos destes proprietários de terras, que residiam em terras rurais, ou nas cidades. Eram colocados nos cursos relacionados à agricultura e agronomia.

Nos últimos anos, além da criação da Secretaria Especial de Políticas de Promoção da Igualdade Racial (SEPPIR), notamos o compromisso do governo Federal de instituir programas sociais na tentativa de enfraquecer as desigualdades. No Ministério da Saúde foi aprovada a Política Nacional de Saúde da População Negra, que:

> define os objetivos, as diretrizes, as estratégias e as responsabilidades de gestão voltadas para a melhoria das condições de saúde desse grupo populacional e considera esses objetivos como integrantes da dinâmica do Sistema Único de Saúde (SUS), reafirmando os princípios de equidade, integralidade da atenção e controle social. Seu principal **objetivo é promover a saúde integral da população negra**, priorizando a redução das desigualdades étnico-raciais e o combate ao racismo e à discriminação nas instituições e nos serviços do SUS[2].

Esta política tem também a abrangência de cuidar de algumas doenças que são prevalecentes para a população negra como a anemia falciforme. Além daquelas adquiridas devido às situações desfavoráveis como desnutrição, DST/HIV/Aids, sofrimento psíquicos, estresse, depressão e outras doenças mais duradouras como diabetes e hipertensão. Alguns programas importantes foram implantados no Brasil também com o objetivo de diminuir a discriminação racial. Um dos programas interessantes foi o Plano Nacional de Políticas de Promoção da Igualdade Racial

(PNPPIR) que teve como destaque o Programa Brasil Quilombola (PBQ) e o Programa de Promoção da Igualdade e Oportunidade para Todos (PPIOT). Mesmo não tendo muito espaço aqui, ressalto algumas políticas importantes relacionadas à presença de negros e indígenas nas universidades públicas brasileiras, como os cursinhos universitários pré-vestibulares voltados para negros e carentes que, vindos das igrejas católicas, desde 2002 contam com a participação do governo federal. As cotas nas universidades vêm se desenvolvendo exponencialmente, principalmente nas universidades estaduais. As universidades que aderem às cotas "têm assumido a posição que a discriminação racial opera como fator específico de exclusão, devendo ser combatida por medidas específicas de inclusão e integração racial e social"[3]. Essas cotas se dividem em três categorias: cotas raciais simples, raciais e sociais sobrepostas e raciais e sociais independentes. Além de outras que fizeram opção por bônus em seus vestibulares[4].

Estes sistemas de políticas de ações afirmativas nas universidades têm recebido muitas críticas. Algumas universidades participam com os modelos que os conselhos estaduais estão determinando. O interessante é perceber um número cada vez maior de universitários negros e índios participando deste processo.

Entre as críticas ao sistema de cotas nas universidades está aquele que foi derrubado posteriormente de que o nível das universidades iria cair. Todavia, em uma pesquisa feita nas universidades, percebeu-se que, das instituições que implantaram o sistema, os cotistas não apresentaram nenhuma dificuldade que influenciasse negativamente na avaliação da qualidade do ensino[5]. Não obstante, proporcionou a diversidade do corpo de alunos.

Vê-se que as políticas de ações afirmativas também nas universidades podem ser instrumentos importantes para que a justiça possa correr como um rio de águas límpidas nesta nação que durante muitos anos espoliou a população negra através do sistema da escravidão e de outras leis do Estado brasileiro.

Para relembrar e refletir

1. Cite três países que já utilizaram das políticas de ações afirmativas.
2. O que foi a "Lei do boi"?
3. O que você acha da Política Nacional de Saúde da População Negra?
4. Qual sua opinião sobre a lei que estabelece o ensino da história da África nas escolas?

Notas

1 Lei n. 5.465 de 3 de julho de 1968. Disponível em: http://legislacao.planalto.gov.br/legisla/legislacao.nsf/Viw_Identificacao/lei%205.465-1968?. Acesso em: 3 jun. 2025.

2 A política de promoção da igualdade racial no governo federal em 2006 e o programa de combate ao racismo institucional. *In*:Jaccoud, Luciana. *A construção de uma política de promoção da igualdade racial*: uma análise dos últimos 20 anos. Brasília: Ipea, 2009, p. 150.

3 Jaccoud, Luciana. O combate ao racismo e à desigualdade: o desafio das políticas públicas de promoção da igualdade racial. *In*: Theodoro, Mário (org.). *As políticas públicas e a desigualdade racial no Brasil*: 120 anos após a abolição. Brasília: Ipea, 2009, p. 151.

4 As cotas raciais e sociais sobrepostas adotam dois critérios que se complementam. Os candidatos devem se autodeclarar negros e, ao mesmo tempo, serem egressos de escolas públicas. Algumas universidades ainda levam em conta a renda familiar. O sistema de cotas raciais e sociais independentes utiliza, separadamente, os critérios de ser de escola pública e de ser negro. Há dois subconjuntos distintos de reservas de vagas. O modelo exclusivamente racial e o que implementa o sistema de bonificação, os candidatos devem se identificar como negros ou índio e participarem de uma avaliação de sua auto declaração.

5 Jaccoud, Luciana. O combate ao racismo e à desigualdade: o desafio das políticas públicas de promoção da igualdade racial. *In*: Theodoro, Mário (org.). *As políticas públicas e a desigualdade racial no Brasil*: 120 anos após a abolição. Brasília: Ipea, 2009, p. 153-154.

3. Um pouco de história...

As políticas de ações afirmativas raciais têm sido objeto de muitos debates, alguns acirrados e calorosos. Entretanto, é necessário rever a história do Brasil e avaliar os aspectos que contribuíram para o afastamento da população negra de diversas áreas, colocando o povo preto em desvantagem econômica, social e educacional em relação à população considerada branca na sociedade brasileira.

Aspectos da escravidão no Brasil

Todos sabem que a escravidão no mundo foi, desde sempre, algo extremamente repulsivo. Durante muitos anos, o mundo ocidental deu novo significado à ideia da escravidão, pois enquanto noutros países a escravidão se manifestava a partir de uma guerra, ou de uma dívida impagável, no Ocidente, após as investidas coloniais da Europa para a África, Ásia e América Latina, a escravidão passou a ter a cor da pele como *mola-mestra* para sua expansão – embora saibamos que a motivação inicial não foi a cor da pele, mas sim econômica, como ressalta Eric Williams em seu importante livro, *Capitalismo e escravidão*:

> A escravidão não nasceu do racismo: pelo contrário, o racismo foi consequência da escravidão. [...]. Eis aí, por-

> tanto, a origem da escravidão negra. A razão foi econômica, não racial; não teve nada a ver com a cor da pele do trabalhador, e sim com o baixo custo da mão de obra. Comparado ao trabalho indígena e branco, a escravidão negra era muito superior[1].

Portanto, após a tentativa fracassada dos portugueses de escravizarem os indígenas, os negros foram considerados as principais mercadorias da escravidão no mundo. Isto por dois motivos específicos: a escravidão em si e as motivações religiosas com objetivos missionários. Como ressaltou Fausto, dizendo:

> Podemos distinguir duas tentativas básicas de sujeição dos índios por parte dos portugueses. Uma delas, realizada pelos colonos segundo um frio cálculo econômico, consistiu na escravidão pura e simples. A outra foi tentada pelas ordens religiosas, principalmente pelos jesuítas, por motivos que tinham muito a ver com suas concepções missionárias. Ela consistiu no esforço em transformar os índios, por meio do ensino, em 'bons cristãos', reunindo-os em pequenos povoados ou aldeias. Ser 'bom cristão' significava também adquirir os hábitos de trabalho dos europeus, com o que se criaria um grupo de cultivadores indígenas flexível às necessidades da Colônia[2].

Segundo Boris Fausto, dois fatores foram extremamente importantes para que a escravidão indígena não se consolidasse. O primeiro foi a resistência dos indígenas à sujeição, expressa por meio de guerras, fugas e da recusa ao trabalho forçado. O segundo fator decorreu das epidemias – como sarampo, varíola e gripe – adquiridas pelo contato com os europeus. A falta de defesas biológicas contra essas doenças fazia com que muitos indígenas morressem ou perdessem completamente as forças.[3]

Desde 1550, o tráfico de africanos escravizados para o Brasil tornou-se um elemento essencial para a economia em todos os estados brasileiros, sendo transformados em uma espécie de moeda de venda, compra e troca. Os latifundiários, grandes produtores de café e açúcar, sustentavam que a economia do país não podia prescindir da mão de obra negra. Ao fomentar o negócio trabalhavam de forma compulsória, sob coerção, sujeitos a açoites, violências e humilhações diversas. Essa realidade foi ainda mais marcante nos séculos XVIII e XIX, quando a situação econômica do país baseava-se quase exclusivamente na produção desses produtos.

> No século XIX, com o pleno desenvolvimento da produção de cana-de-açúcar e do café em todo o Brasil, sobretudo no Triângulo das Províncias de São Paulo, Rio de Janeiro e Minas Gerais, a concentração de escravos se torna imensa. Interesses e contradições internas se aprofundaram com os conflitos dos negros com os brancos e mestiços entre a própria classe dominante em discordância econômica com respeito à forma de produção. Dizia-se que 'sem escravos, não há açúcar, e sem açúcar não há Brasil'. Logo, se o Brasil precisava ser ocupado pela Coroa Portuguesa e desenvolvido economicamente, não poderia prescindir da mão de obra escravocrata para a produção da única fonte econômica da relevante época do açúcar[4].

O sistema escravocrata, embora fosse influenciado pelo capitalismo mundial da época[5] tinha outras características porque os escravos não recebiam salários, portanto, a relação de produção se dava noutra instância na qual escravo era também propriedade e parte da produção[6] adquirida pelos escravocratas. Os escravos não participavam do resultado da produção não sendo caracterizados como classe social e sim um "estamento". Como enfatiza Weber dizendo:

> Aqueles cujo destino não é determinado pela oportunidade de usar, em proveito próprio, bens e serviços

> no mercado, isto é, os escravos, não são, porém, uma classe, no sentido técnico da expressão. São, antes, um estamento[7].

Grupo este, objeto da insaciável volúpia mercantilista dos portugueses que viam nesta mão de obra a única saída contra o desastre econômico. A quantidade de africanos trazidos para o Brasil é bem discutida pela impossibilidade histórica e documental a não ser os relatos de estrangeiros viajantes que publicaram as suas observações. Embora não se tenha certeza da quantidade de negros africanos vindo para serem escravos no Brasil, "estima-se que entre 1550 a 1855 entraram pelos portos brasileiros quatro milhões de escravos, na sua maioria jovens do sexo masculino"[8]. Além desses jovens, muitas crianças e adolescentes aqui chegaram e eram vendidos, por exemplo, em mercados como o Valongo, no Rio de Janeiro. Essa faixa etária possibilitava uma maior e mais rápida assimilação à estrutura escravista[9].

Seria um ledo engano pensar que os negros aceitaram passivamente os maus tratos, a violência e as separações. Porque muitas rebeliões, fugas, individuais e em massa, agressões contra senhores e resistências constantes se davam nas fazendas, em lugares rurais e nas cidades. Podemos ver isto nas construções de quilombos (acampamentos) onde os negros se estabeleciam.

A escravidão, portanto, estava sendo o alimento que visava satisfazer o afã por crescimento econômico e de produção. Talvez, possamos pensar também na estrutura escravocrata tendo como base vários fatores que propunham algo além da simples, embora desenfreada, necessidade de crescimento e riqueza dos senhores donos das fazendas. Pois, não podemos analisar o sistema escravocrata tendo somente como perspectiva a organização dos valores de produção advindo da cultura de açúcar ou café, mas também, devemos refletir o período da escravidão sob um olhar dialético para podermos chegar a configuração adequada na análise do período como fizeram a maioria dos autores brasileiros como informa Ianni, ao dizer que:

> para os autores que partem de uma perspectiva dialética, a sociedade escravista é uma configuração histórico estrutural, que se forma e desenvolve no interior do mercantilismo, primeiramente, e no interior do capitalismo, em seguida. E são os desenvolvimentos do capitalismo mundial, mais ou menos entre meados do século XVIII e meados do século XIX que estabelecem as condições do declínio e colapso final do escravismo. Assim, a formação social escravista deve ser vista como uma estrutura peculiar de apropriação econômica e dominação política; como um sistema de poder sem o qual não se pode compreender a especificidade da sua produção econômica, das técnicas de violência, dos padrões de organização e controle do trabalho escravo. A própria luta contra a abolição da escravatura, por parte dos senhores de escravos, somente adquire clareza quando vista no contexto do universo político-econômico e cultural peculiar do escravismo[10].

O pós-abolição: um traço da injustiça?

Se pensarmos na abolição da escravatura que ocorreu em 13 de maio de 1888, perceberemos que esse foi um ato da intelectualidade brasileira que culminou num encontro com as ideias europeias. De fato, a abolição foi, não posso dizer um avanço, mas uma conquista. Na realidade foi saboreada pelos intelectuais mais liberais da época. Entretanto, não podemos afirmar que foi um ato que atingiu a todos os negros e que teve repercussão tão abrangente. Até porque algumas leis promulgadas anteriormente como a Lei do Ventre Livre de 28 de setembro de 1871 foi mais uma farsa do Estado Brasileiro. Por isso lamentou Joaquim Nabuco em seu livro *Minha Formação*, afirmando:

> quando a campanha da abolição foi iniciada, restavam ainda quase dois milhões de escravos, enquanto que os seus filhos de menos de oito anos e todos os que viessem a nascer, apesar de ingênuos, estavam sujeitos até aos vinte e um anos a um regime praticamente igual ao cativeiro[11].

De fato, a Lei do Ventre Livre[12] não dava liberdade aos negros nascidos naquele momento como nos foi ensinado no passado em várias escolas, mas essa lei tinha o senhor como o principal detentor do poder de liberar ou não o menino que, não sendo liberado, deveria servir ao senhor até completar seus vinte e um anos. Entretanto, muitos a essa idade não chegavam devido aos sofrimentos, acoites, doenças e tristezas que enfrentavam. Como podemos quase ouvir a voz de Joaquim Nabuco ao falar da relação do senhor com o escravo na época:

> O senhor que tem pelos seus escravos sentimentos de família é uma exceção, como é o senhor que tem ódio e os tortura. O geral dos senhores trata de tirar do escravo todo o usufruto possível, explora a escravidão sem atender particularmente a natureza moral da propriedade servil[13].

A abolição foi vista como um sucesso porque era a luta de muitos homens que fizeram deste ideal uma razão de viver. Obviamente, não se pode deixar de ver a luta por emancipação dos negros como uma empreitada de gente com o coração sincero e bondoso. Mas, mesmo após a abolição, os negros ficaram alijados de todo o processo econômico. Na verdade, ainda foram usados como escravos e tratados como inferiores. Sendo colocados nos trabalhos mais degradantes sem que recebessem por isto. Ou, quando recebiam, não ganhavam o salário condizente com o trabalho realizado.

A abolição não foi, longe disso, um ato de libertação da população negra. Não reconhecer isto é trilhar pelo caminho da injustiça que a Deus não agrada. Pois, após a abolição, muitas leis que foram promulgadas no Brasil tinham os negros como alvos a serem atingidos. Podemos notar algumas que continuaram em curso como aquelas que pretendiam determinar os lugares da população. Por exemplo, os Códigos de Posturas[14] que foram criados nas capitais do Brasil para disciplinar e educar os mais pobres que perambulavam pelas ruas das cidades.

Quem conhece e lê alguns livros de Nina Rodrigues, que foi um dos intelectuais mais influentes no país, pode notar o seu racismo estampado que ditava as suas pesquisas sobre os negros africanos que vieram para o Brasil. Exemplo disto é a sua introdução ao bom livro *Os africanos no Brasil* quando diz sem rodeios e sem pestanejar:

> O critério científico de inferioridade da raça negra nada tem de comum com a revoltante exploração que dele fizeram os interesses escravistas dos norte-americanos. Para a ciência, não é essa inferioridade mais do que um fenômeno de ordem perfeitamente natural, produto da marcha desigual de desenvolvimento filogenético da humanidade, mas suas diversas divisões ou seções[15].

Não podemos desconsiderar que após a abolição os mecanismos de poder continuaram a tratar os negros como escravos. Dando a eles a exclusão como norma de vida. Eles não podiam estudar, pois tinham que se dedicar exclusivamente ao trabalho para própria subsistência. As leis educacionais tinham sido estabelecidas em 1854 através o decreto 1.331-A, de 17 de fevereiro[16] do corrente ano que determinava quem devia ou não estudar nas escolas públicas. Logo, aos negros restou a exclusão nos setores que possibilitariam ascensão na sociedade.

Falta de políticas especificas para a população negra

Após a abolição, algo que se evidenciou foi a falta de políticas voltadas para a ascensão social da população negra. Pelo contrário, muitas leis que surgiram após a abolição foram promulgadas na tentativa de anular toda e qualquer possibilidade dos negros saírem da situação em que foram colocados. Mesmo que muitos já tivessem adquirido conhecimento nas áreas de caça de animais, peixes. Além de trabalharem na fauna encontrando espécies de flores. Também trabalhavam varrendo as ruas, trabalhos domésticos, cuidando da horta, pomares etc. Ser carregador era uma das mais importantes profissões porque aquele que realizava este trabalho tinha a possibilidade de carregar a família imperial.

> um grupo especial de escravos exercendo esse tipo de atividade estava ligado ao Jardim Botânico, no subúrbio da Lagoa, onde havia plantas exóticas, inclusive chá. [...] de modo geral, os escravos eram muito importantes na produção, na colheita e no transporte de ida e volta de produtos e alimentícios para as zonas suburbanas e rurais[...] os escravos carregavam outras coisas e pessoas de um lugar para outro[...] um dos trabalhos de carregador mais prestigiosos e lucrativos estava no porto e na alfândega, como estivador[...] Um ou dois escravos tripulavam as canoas que traziam produtos para vender na cidade, enquanto outros alugavam seus serviços para transportar passageiros ao longo da costa... Os remadores trabalhavam em barcos pequenos ou nos navios sofisticados que transportavam a família real[...] Os escravos trabalhavam em pleno sol, apenas com a proteção de chapéus de palha[...] havia algumas fábricas grandes na cidade antes de 1850, mas eram poucas e, em larga medida, limitadas a um estaleiro naval, a Fundação de Ipanema, que empregava mais de cem escravos, e a Fabrica Imperial de Pólvora, na Lagoa, também com mais de uma centena de escravos[17].

Além dessas atividades os negros serviam como artesãos, acendedores de lampião, carpinteiros, pedreiros. E eram extremamente habilidosos com ferro, estanho, cobre, ouro ou prata. Eram barbeiros, cirurgiões, músicos, dentistas, enfermeiros, parteiras, curandeiros, coveiros, atores, escultores, pintores, vendedores e até pranteadores (estes eram apelidados de corvos). Trabalhavam com habilidade e cuidado a ponto de criarem uma espécie de elite entre os negros[18].

Entretanto, mesmo com tanto trabalho aprendido é assustador observar que após a abolição esses negros foram impedidos de exercer as suas profissões porque a forma que foram substituídos por brancos que, trazidos numa tentativa insana de embranquecer o Brasil, aniquilaram a população negra que já fazia parte da nação com sua influência na culinária, cultura, música, arte teatral, escultura, fauna, construção etc. O jeito negro de absorver as coisas apreendidas e decodificá-las misturando com a maneira mais fácil de realizá-las já entrara na gênese do que viria a ser o povo brasileiro hoje.

Ou seja, não houve nenhuma política pública que cuidasse dos negros e os protegesse das atrocidades que viriam posteriormente. Ao final, os negros foram esquecidos socialmente. A estes só restou aquiescer ao sistema burlando-o para manterem as famílias e as suas próprias vidas.

Processo de imigração e a industrialização

Com a chegada dos imigrantes por todo o país e de vários lugares do mundo, em especial da Itália, muitos negros acabaram sendo substituídos nos trabalhos que antes realizavam. Não se pode esquecer que havia desde a Europa a compreensão de que os negros eram inferiores e, por isso, não podiam ocupar os espaços estratégicos no sistema da industrialização. Espaço que foi destinado aos brancos, de preferência imigrantes.

De norte a sul do país, imigrantes, em sua maioria subsidiados pelo Governo, chegam marcando lugar na história do Brasil e, mais uma vez, deixando os negros no canto à distância dos setores de decisões. A imigração fez parte da ideologia de embranquecimento . Segundo Telles:

> para acelerar o branqueamento, as elites e os elaboradores das políticas voltaram-se para a Europa, onde uma transição demográfica estava produzindo mão de obra excelente. O branqueamento prescrito pelos eugenistas tornar-se-ia a sustentação principal da política de imigração do Brasil. A elite no Brasil trouxe e subsidiou imigrantes europeus para 'melhorar a qualidade' de sua força de trabalho e substituir os escravos. O estado de São Paulo em particular, em conluio com os fazendeiros de café, encorajou, recrutou e subsidiou a imigração europeia, enquanto o governo federal restringia a imigração asiática até 1910. Esta nova leva de mão de obra substituiu a população de ex-escravos africanos em lugares como São Paulo, ao mesmo tempo que agia como 'agente civilizador', embranqueamento o povo genético brasileiro. Esperava-se que os imigrantes brancos acabassem se mesclando à população nativa, de modo a diluir a grande população negra. Mesmo com o fim da escravidão, os trabalhadores negros e mulatos permanecem economicamente marginalizados e esquecidos pelo Estado e pelos antigos patrões[19].

Para relembrar e refletir

1. Cite alguns aspectos da escravidão no Brasil.
2. O que era o Valongo?
3. Qual foi a injustiça da abolição da escravatura?
4. Quais foram as atividades aprendidas pelos negros antes da chegada dos imigrantes?
5. O que foi a ideologia do branqueamento e como se tornou uma realidade no Brasil?

Notas

1 Willians, Eric. *Capitalismo e escravidão*. São Paulo. Companhias das Letras. 2012. p. 34, 50

2 Fausto, Boris. *História do Brasil*. São Paulo: Edusp, 2006. p. 45

3 Fausto, Boris. *op. cit.*, p. 46

4 Câmara. Nelson. *Escravidão nunca mais!* Um tributo a Luiz Gama. São Paulo: Lettera.doc, 2009, p. 98

5 "É verdade que a formação social escravocrata é determinada ou decisivamente influenciada pelo capitalismo mundial, ao longo dos séculos XVIII e XIX. Mas também é verdade que sob a escravatura as relações de produção, a organização social e técnica das forças produtivas e as estruturas de apropriação econômica e dominação política possuem um perfil qualitativamente diverso de qualquer formação social capitalista" (Ianni. Otavio. Escravidão e história. *In*: *Debate e Crítica*. Revista trimestral de Ciências Sociais. São Paulo. Hucitec.Vol.6, p. 142).

6 "Desde que se manifesta como tipo fundamental e estável de relações de produção, a escravidão dá lugar não a um único, mas a dois modos de produção diferenciados: o escravismo patriarcal, caracterizado por uma economia predominantemente natural, e o escravismo colonial, que se orienta no sentido da produção de bens comerciáveis"(Ianni, Otavio, *op. cit.*, p. 109).

7 Weber, Max. *Ensaios de sociologia*. Rio de Janeiro: Guanabara Koogan, 1982, p.212

8 Fauto, Boris. *op. cit.*, p. 47

9 "Os novos africanos oferecidos no Valongo constituíam um grupo mais homogêneo do que os vendidos em outros lugares: eram geralmente do sexo masculino, de dez a 24 anos de idade[...] quando os novos africanos ainda estavam sendo contados dois termos eram usados para crianças: cria de peito (bebês) e cria de pé (começando a andar) [...] um observador preciso, o alemão Freireyss, chegou a estimar que três quartos dos negros importados eram crianças. Outros estrangeiros eram menos específicos e apenas supunham que as crianças mais jovens no mercado tinham mais de cinco ou seis anos, em concordância com os registros de idade mais antigos nas amostras de navios negreiros posteriores a 1830. Outro grupo etário tinha cerca de oito a dez anos [...]. No entanto, outros viajantes apontavam para uma idade um pouco maior, geralmente entre doze e catorze anos [...] Os viajantes sugerem que as crianças em exibição no mercado tinham entre cinco ou seis e dez anos, enquanto os adolescentes iam de onze ou doze a quinze anos" (Karasch, Mary C. *A vida dos escravos no Rio de Janeiro – 1808-1850*. São Paulo: Companhias das Letras, 1987, p. 68-69).

10 Ianni, *op. cit.*, p. 143

11 Nabuco, Joaquim. *Minha formação*. Clássicos Jackson. São Paulo: Editora Brasileira, 1970, p. 243.

12 "Declara de condição livre os filhos de mulher escrava que nascerem desde a data desta lei, libertos os escravos da Nação e outros, e providencia sobre a criação e tratamento daquelles filhos menores e sobre a libertação annual de escravos. A

Princeza Imperial Regente, em nome de Sua Magestade o Imperador e Senhor D. Pedro II, faz saber a todos os subditos do Imperio que a Assembléa Geral Decretou e ella Sanccionou a Lei seguinte: Art. 1º Os filhos de mulher escrava que nascerem no Imperio desde a data desta lei, serão considerados de condição livre.§ 1º Os ditos filhos menores ficarão em poder o sob a autoridade dos senhores de suas mãis, os quaes terão obrigação de crial-os e tratal-os até a idade de oito annos completos. Chegando o filho da escrava a esta idade, o senhor da mãi terá opção, ou de receber do Estado a indemnização de 600$000, ou de utilisar-se dos serviços do menor até a idade de 21 annos completos". (Lei nº 2.040, de 28 de Setembro de 1871. Disponível em: https://www.planalto.gov.br/ccivil_03/leis/lim/lim2040.htm. Acesso em: 3 jun. 2025).

13 Nabuco, Joaquim. *O abolicionismo*. Rio de Janeiro: Edições Bestbolso, 2010, p. 60.

14 Os códigos de Posturas eram leis estabelecidas em várias cidades no tempo do Império no Brasil que tentavam disciplinar a conduta dos cidadãos mais pobres e, consequentemente, negros. Haviam vários Códigos de Posturas, em cidade de interior do estado de São Paulo e outros estados e até nas capitais do Brasil.

15 Nina, Raimundo Rodrigues. *Os africanos do Brasil*. São Paulo: Madras, 2008. p. 22.

16 "Art. 69. Não serão admittidos à matricula, nem poderão frequentar as escolas: § 1º Os meninos que padecerem molestias contagiosas. § 2º Os que não tiverem sido vaccinados. § 3º Os escravos" (Disponível em: http://www2.camara.leg.br/legin/fed/decret/1824-1899/decreto-1331-a-17-fevereiro-1854-590146-publicacaooriginal-115292-pe.html. Acesso em: 3 jun. 2025).

17 Karasch, Mary C. *A vida dos escravos no Rio de Janeiro*, 1987, p. 260-269.

18 *Ibid.*, p. 276-284.

19 Telles, Edward. *Racismo à brasileira*. Rio de Janeiro: Relume Dumará, 2003, p. 48.

PARTE DOIS

4. POSSIBILIDADES BÍBLICAS DE IMPLEMENTAÇÃO DE POLÍTICAS DE AÇÕES AFIRMATIVAS?

Desafio imenso é encontrar na bíblia textos que possam dar respaldo às políticas de ações afirmativas. É bem verdade que a bíblia tem de tudo e a tudo ou quase tudo pode responder. Também, é verdade que, muitos usam a bíblia como se fosse uma bússola para as suas vidas diárias. Mas, será que nesta questão tão especifica e, ao mesmo tempo, tão diversa, há alguma possibilidade de vermos na bíblia alguma resposta, algum texto que possa balizar a defesa destas propostas que se vem desenhando no Brasil no caso racial como possível instrumento de solução para diminuir as desigualdades raciais?

Neste capítulo refletiremos em alguns textos sobre acontecimentos históricos ocorridos com o povo de Israel que poderão nos dar uma ideia de como Deus encara o tratamento que deve ser dado as pessoas que são oprimidas ou escravizadas. Tentaremos retirar de alguns textos, através de uma hermenêutica mais próxima da realidade, as ideologias racistas e fundamentalistas que foram impostas nas várias interpretações bíblicas no Brasil. Essas interpretações não serão citadas, pois não há espaço e o nosso objetivo aqui é outro. Mas, à medida do possível, as interpretações têm como objetivo dissecar ao máximo, esmiuçar os textos de acordo com os nossos propósitos.

No entanto, vamos fazer isto tentando contemporizar os textos bíblicos com tudo o que está ocorrendo no país, na sociedade, na igreja evangélica brasileira, e até, no Movimento Negro Brasileiro.

Desconstruindo mitos e erros de interpretação

Importante para nossa reflexão é desconstruirmos alguns tabus e mitos que foram, durante anos, impostos sobre nós. Ora vindo da sociedade, ora das instituições sociais e, principalmente, das instituições religiosas e seus líderes.

Alguns desses mitos e tabus vamos delinear fazendo rápidas considerações a respeito para que tenhamos uma compreensão maior deles e possamos nos posicionar com um grau adequado de questionamentos. Mas, além de desconstruirmos as falácias racistas que foram sobre nós impostas, notaremos que a bíblia nos dá muitas bases para que haja as políticas de ações afirmativas em todo o mundo em que pessoas são marginalizadas e excluídas. Portanto, disponibilizarei de alguns textos bíblicos para que a partir deles possa trazer à luz as interpretações bíblicas que têm alicerçado posturas racistas e preconceituosas na sociedade e têm trazido muitos conflitos para a população negra. O objetivo é trazer à consciência alguns textos bíblicos que possibilitam a existência e até, necessidade, de políticas que favoreçam as pessoas que foram alvos de opressão, violência, segregação e racismo. Textos que mostram a indignação de Deus para com os que oprimem e escravizam e depois libertam com total irresponsabilidade.

O primeiro texto bíblico está no livro de Gênesis 2:4-17 especificamente o versículo 15 que diz: “Porei inimizade entre ti e a mulher, entre a tua descendência e o seu descendente. Este te ferirá a cabeça e tu lhe ferirás o calcanhar”.

O primeiro mito que devemos confrontar é quanto a origem do cristianismo. Pois, tenho ouvido alguns absurdos que tem me feito refletir sobre assuntos dantes ignorados. Ouvi certa vez que o cristianismo tinha surgido no século XVI, premissa que me parece corrente em alguns meios, principalmente, entre os negros que participam de religiões de matizes africanas ou que militam no Movimento Negro brasileiro.

Algumas falácias tomam conta de muitas pessoas que militam no Movimento Negro Brasileiro. Muitas delas têm motivações bem nítidas enquanto outras ficam ocultas para quem não é observador. Porque todas as mentiras postuladas na tentativa de manipulação têm no seu bojo o objetivo de sobrepor alguns grupos a outros. Sejam eles sociais, econômicos, ideológicos, políticos ou religiosos.

A primeira falácia que ouço é que para ser negro de verdade devo ser adepto de religiões de matizes africanas. Quero registrar que religiões de matizes africanas para estes que defendem esse absurdo são o Candomblé (com todas as suas vertentes) e a Umbanda. Primeiro, quero dizer que quando nascemos não somos detentores de nenhuma religião. Logo, essa ideia que para sermos negros necessitamos de religião X ou Y se torna uma furada. Nascemos negras e negros. Nós aparecemos neste mundo já com uma etnia, raça, cor, definição sexual (pelo menos física), cor dos olhos, etc. Depois podemos fazer opções de acordo com a nossa própria história. Escolhemos profissão, religião, partido político, ideologia, fazemos nossa opção sexual e tantas outras. Mas, nascemos homens ou mulheres (salvo alguns casos genéticos), negros (embora, às vezes, somos tachados de pardos ou outra coisa similar). Por isso afirmar que para sermos negros de verdade precisamos dessa ou daquela coisa, é reducionismo, miopia intelectual.

A segunda falácia é dizer que as chamadas religiões de matizes africanas foram as primeiras a chegarem aqui no Brasil. E quanto às religiões dos índios? E quanto aos muçulmanos que constituíam grande parte entre os escravos africanos?

A terceira falácia e a mais complicada de todas é a que diz que o cristianismo é europeu, nasceu na Europa e por isto faz parte das religiões que já nasceram opressoras. Quanto a isto quero informar que o cristianismo é Cristo. Não é o sistema religioso nascido na cabeça de Constantino. Portanto, nasce da ressurreição de Cristo dando esperança para toda a humanidade. Nasce da morte de Jesus Cristo que se dá como sacrifício vivo por todos nós. Surge da vida de Cristo que nos ensina um jeito de ser gente como gente deve ser. Surge do nascimento de Cristo quando ele se encarnou entre nós e se fez gente. Nasce também dos anúncios dos profetas oito séculos antes de Cristo. Alicerça-se na figura de Cristo que representa o ministério messiânico na terra. Mas, sobretudo, se origina no Jardim do Éden com a declaração divina que lemos acima: "Porei inimizade entre ti e a mulher, entre a tua descendência e o seu descendente. Este te ferirá a cabeça e tu lhe ferirás o calcanhar". Quando o texto diz: o seu descendente... e este te ferirá, não estava falando de outro senão do próprio Jesus Cristo. E onde ficava o Éden? Exatamente nas terras de Cuxe, Havilá e Assíria. Essas terras ficavam ao norte da África em sua maior parte e a Ásia. Portanto, posso afirmar que o cristianismo também tem matizes africanos. O cristianismo, portanto, não nasceu na Europa, mas sim na África. Como afirma Lopes:

> O texto de Gênesis 2, 8-14 relata a expansão do Jardim do Éden. No extremo oriente há um rio que se dividia em quatro braços que descem até Hévila e Cuch. Este texto é atribuído à fonte J cujo jardim incluía as terras africanas. O que os israelitas chamam de Cuch equivale ao que o mundo helênico chama de Etiópia. Para os israelitas, trata-se de uma região perto do rio Nilo; antigamente este território adentrava-se mais para regiões centrais africanos, a região dos grandes lagos. Nesse território, no final da quarta catarata, poderia estar a origem do mundo[1].

Ao pensar na geografia do que é chamado Éden com seus rios nota-se a possibilidade do rio Nilo ser o Gion um dos rios que servia de braço para a localização geográfica do jardim. Citando Claus Westermann, Marciel Mana López diz que "*Cuch es principalmente Etiópia o Nubia, la tierra al sur de Egipto, o más exactamente el* área *entre la primera y cuarta catarata del Nilo*".

Obviamente como reflete a autora supracitada há interesses ideológicos e econômicos nas duas fontes de interpretação das escrituras: a javista e a sacerdotal. A primeira ressalta e exalta a presença africana na origem da humanidade enquanto a segunda rechaça qualquer influência de africanos, sobretudo, egípcios na origem da existência humana[2].

Portanto, posso ressaltar que, o que aconteceu na Europa foi um retorno ao cristianismo puro e simples através da Reforma Protestante. Temos a clareza de que a África está na origem da fé cristã e no povo que foi conhecido e chamado no Novo Testamento pela primeira vez de cristãos. Pois desde o Velho Testamento notamos a presença maciça da população negra, mesmo entre o povo de Israel como mostra López (2006):

> Segundo a memória dos próprios israelitas, quatro das doze tribos de Israel tem origem africanas. A primeira é a tribo de Levi; segundo Números 12 uma parte desta tribo tem raízes cuchitas com Zípora, a mulher de Moisés. A segunda pode-se encontrar no Sl 7:1: aqui vemos relação entre Benjamim e pelo menos uma pessoa ligada a Cuch (Davi canta com referência a Cuch) a terceira e quarta tribos estão referenciadas em Gn 41, 39-56, onde Efraim e Manassés tem raízes camitas. Encontramos mais uma tribo em Gn 38, na história de Tamar e Judá. No início deste relato, Judá parece revoltado com o tratamento que os irmãos infligiram ao irmão José. Este agora está na escravidão no Egito, e Judá se afastou dos outros dez irmãos e foi para território cananeu. O que fez lá? Nesta terra juntou-se com uma cananéia, gerou três filhos, dos quais dois morreram e o terceiro não foi entregue à mãe conforme a lei israelita. Então Tamar volta à casa materna e, anos depois, seduziu Judá, quando ficou óbvio que ele não tinha nenhuma intenção de dar a ela um último

> filho. Então Tamar gerou de seu sogro Judá filhos gêmeos que estenderam a linha judaíta. Então Tamar, a cananéia, passou a ser parte da linha davídica a partir dessa união. Aqui temos uma tribo afrodescendentes judaíta[3].

Com certeza tenho de concordar que as religiões "chamadas" de matizes africanas foram as que resistiram e lutaram contra todo o tipo de racismo e discriminação aos negros e negras neste país. Reconheço, e com muita tristeza, que a igreja evangélica em seus diversos setores ficou totalmente à margem deste processo e algumas ainda foram mantenedoras de racismo através de suas máquinas administrativas, de suas estruturas educacionais, de seu descaso com as questões relevantes na história dos afrodescendentes brasileiros. E nos últimos tempos com a voz maciça dos neopentecostais, em particular, demonizando os adeptos e as religiões como o candomblé e a umbanda.

Entretanto, quero ressaltar que essas falácias nos reduzem e nos levam para mais longe do diálogo que vai além de tolerância religiosa. Pois não devo ter a disposição de tolerar alguém ou grupos diferentes de mim ou de minha preferência. Devo sim, dialogar com sabedoria e respeito, tendo a consciência que todos nós estamos nas mesmas trincheiras e que o nosso inimigo maior é o racismo que, engendrado na estrutura econômica, política, educacional, cultural e social deste país, assola todos os negros e todas as negras independente dos seus credos religiosos. Pensar assim vai fazer arejar e relativizar os dogmas totalitários que tem nos afastado.

Outros mitos foram enraizados dentro da igreja cristã. Particularmente, nas igrejas evangélicas algumas interpretações foram solidificadas nos púlpitos e edificadas através do sistema educacional que atinge desde crianças até aos idosos indistintamente. Ensinamentos reproduzidos de interpretes biblistas dos Estados Unidos da América e da Europa.

Por muitos anos essas interpretações davam aos racistas que governavam ou não as igrejas e denominações subsídios para continuarem as suas práticas racistas, mesmo que veladas, sem serem incomodados e confrontados pela bíblia que é espada de dois gumes como diz o texto de Hebreus 4:12. Entre estas interpretações existem duas que perduraram por muito tempo nas mentes, nos ensinos, nas músicas e nos livros e, às vezes, foram escritas em periódicos importantes de diversas denominações. Quero aqui chamá-las de maldições contra negros e negras do Brasil: Interpretações malditas da igreja evangélica brasileira. E vou começar por uma delas que é a Maldição de Caim me baseando no texto bíblico do livro de Gênesis 4:11-16. O texto diz:

> És agora, pois, maldito por sobre a terra cuja boca se abriu para receber de tuas mãos o sangue de teu irmão. Quando lavrares o solo não te dará ele a sua força; serás fugitivo e errante pela terra. Então disse Caim ao Senhor: É tamanho o meu castigo, que já não posso suporta–lo. Eis que hoje me lances da face da terra, e da tua presença hei de esconder-me; serei fugitivo e errante pela terra; quem comigo se encontrar me matará. O senhor, porém, lhe disse assim qualquer que matar a Caim será vingado sete vezes. E pôs o Senhor um sinal em Caim para que o não ferisse de morte quem quer que o encontrasse.

No ano de 1988 tive a tristeza de ler num jornal de uma denominação histórica, o que pude perceber depois, ser o pensamento corrente nas mentes de muitos líderes e membros das igrejas evangélicas, que demonstrava o racismo do autor que, aliás, era o líder muito respeitado. Mesmo que não tenha sido claro em sua palavra, não fez a defesa que deveria diante um argumento racista. Uma atitude que em muitos ciclos ainda se faz presente nas diabólicas hermenêuticas de algumas igrejas ou denominações evangélicas. Pensamentos racistas oriundos de textos mal interpretados e lidos.

Este texto acima traz algumas questões importantes que, por muito tempo, serviram erroneamente interpretados, como base para a manutenção do racismo nas igrejas evangélicas. Quero dizer racismo, pois sei que a igreja quando vivida e pregada como instituição está à mercê de todos os problemas refletidos na sociedade. A igreja consegue fugir dos preconceitos quando se transforma num foco de transformação, numa fonte promotora de justiça. Daí o racismo se torna intolerável seja na própria estrutura eclesiástica e inaceitável em qualquer lugar.

O texto bíblico mitológico conta a história do primeiro homicídio. Através desta passagem, os racistas que lideravam as nossas igrejas afirmavam que a maldição de Caim era a cor negra da pele, ou seja, a pigmentação da pele dos negros e negras tem origem numa maldição. Essa interpretação por muito tempo foi defendida em várias igrejas evangélicas que pregavam também a mensagem de salvação em Cristo Jesus.

Se nos reportarmos ao texto vamos notar que dizer que a maldição de Caim foi o sinal que Deus nele colocou é uma ignorância. Como é mais ignorante ainda afirmar que o sinal posto em Caim foi a pele negra.

Vamos responder estas questões fazendo duas perguntas: Qual foi a maldição de Caim? Por que a necessidade do sinal?

A primeira pergunta é respondida imediatamente na leitura desde que seja feita com atenção. O texto diz: "És agora, pois, maldito por sobre a terra cuja boca se abriu para receber de tuas mãos o sangue de teu irmão. Quando lavrares o solo não te dará ele a sua força; serás fugitivo e errante pela terra". Está nítido no texto que sobre Caim estava predito que ele ao lavrar a terra teria muita dificuldade de lidar com ela. E seria fugitivo, andaria como se fosse um errante, perdido sobre a terra. Essa foi a maldição, mais nada.

A outra pergunta ajuda a completar a primeira. O texto nos diz que o Caim começa a reclamar dizendo que quem o encontrasse (e aqui já não estamos falando de um texto cronológico e sequencial, mas já no tempo de Caim havia muita gente na terra até porque esse texto como todos os 11 primeiros capítulos de Gênesis são mitos) iria matá-lo. Todo opressor age desse jeito quando sente a possibilidade de ser também objeto de opressão e violência. Deus aqui demonstra a sua grande misericórdia e graça. Pois aquele homem não merecia o perdão, não merecia ser protegido. Ora, ele havia cometido o primeiro homicídio e introduzido a violência sobre a terra. Mas, Deus é misericordioso e põe nele um sinal de proteção que o guardasse dos maus. O texto diz: "O Senhor, porém, lhe disse assim qualquer que matar a Caim será vingado sete vezes. E pôs o Senhor um sinal em Caim para que o não ferisse de morte quem quer que o encontrasse".

Esse sinal era de justiça e de misericórdia. Havia a proteção, mas também havia um desejo de que Caim não se esquecesse do que havia feito e como Deus cuidou dele apesar dele mesmo e de seu feito maldito. Portanto, dizer que o sinal é a cor negra na pele é um absurdo racista. E se foi, o que jamais eu acredito, eu tenho a cor da graça e da misericórdia de Deus.

O segundo texto que devemos analisar e que tem sido a interpretação postulada durante anos é a chamada Maldição de Cam. Quero citar o texto bíblico, também no livro de Gênesis. O texto se encontra no capitulo 9:20-29 do primeiro livro da bíblia. "Noé, que era agricultor, foi o primeiro a plantar uma vinha. Bebeu do vinho, embriagou-se e ficou nu dentro da sua tenda. Cam, pai de Canaã, viu a nudez do pai e foi contar aos dois irmãos que estavam do lado de fora. Mas Sem e Jafé pegaram a capa, levantaram-na sobre os ombros e, andando de costas para não verem a nudez do pai, cobriram-no. Quando Noé acordou do efeito do vinho e descobriu o que seu filho caçula lhe havia feito, disse: "Maldito seja Canaã. Escravo de escravos será para os seus irmãos". Disse ainda: "Bendito seja o Senhor, o Deus de Sem! E seja Canaã seu escravo. Amplie Deus o território de Jafé; habite ele nas tendas de Sem, e seja Canaã seu escravo". (Gen. 9:20-27)

Este texto também foi usado para solidificar uma postura racista contra os negros no Brasil, em todas as Américas, Caribe e Europa. Um texto bíblico muito interessante que merece reflexões coerentes com a história. Antes quero afirmar o que sempre digo quando perguntado sobre quando os negros e as negras são retratados na bíblia. A bíblia é um livro que conta primordialmente histórias de povos negros. A questão não é encontrar negros na bíblia, mas sim, brancos. Portanto, a bíblia é um livro sagrado que fala dos negros e da sua história desde o início do mundo.

Desta perspectiva, notamos que este texto fala de uma família de negros. Entretanto, alguns afirmam que existe a possibilidade de que o Cam fosse negro e seus irmãos não. Esta interpretação é muito incipiente, mas comum em muitos lugares e foi sustentada por vários teólogos. Esta possibilidade alicerçou as interpretações racistas sobre os negros e negras do mundo.

O texto fala que Noé plantou a primeira vinha e bebeu vinho até se embriagar. Esse vinho possivelmente era muito gostoso! Diz o texto bíblico, que Noé ficou nu na tenda e Cam, um dos seus filhos, viu a nudez do seu pai e foi contar aos seus irmãos. Esta ação não foi nada agradável para Noé. Foi para ele um desrespeito. Os irmãos Sem e Jafé cobriram Noé e o respeito deles era tão grande que o fizeram de costas para não verem a nudez do pai e o desrespeitassem. Noé, então, acordou e quando descobriu o caso ficou furioso e lançou uma maldição.

As pessoas racistas que utilizam este texto dizem que Cam ao ser amaldiçoado recebeu a pele negra. Pasmem! Esta besteira foi promulgada na igreja evangélica por anos. E ainda hoje tem sido defendida por pseudos pastores e "teólogos".

Para esmiuçarmos este texto precisamos fazer duas perguntas importantes: Quem foi amaldiçoado por Noé? Qual foi a maldição?

A bíblia é muito explícita e objetiva quando lemos as palavras de Noé: "*Maldito seja Canaã*". Percebemos que quem foi amaldiçoado foi Canaã e não Cam. A bíblia diz em outro texto, mas na mesma história que "*Deus abençoou Noé e seus filhos...*" (Gen. 9:1). Cam não podia ser amaldiçoado, pois foi abençoado por Deus. Quem foi amaldiçoado pela autoridade do Noé foi o seu neto e não diretamente o seu filho.

O que os racistas teológicos de plantão não conseguem perceber é que Cam não tinha só Canaã como filho. Cam tinha outros filhos que formaram grandes nações. Povos fortes e poderosos. Só para dar uma ideia entre os filhos de Cam estavam Cuch, Mizraim, Fut. Segundo o teólogo Andrés Ibáñez Arana, no seu comentário: Para compreender o livro do Gênesis, "Cuch é território ao sul do Egito: Núbia ou Etiópia. Mizraim é o Egito. Fut parece ser a Líbia"[4]. Já Canaã segundo o autor e pesquisador "compreendia o povo da Palestina antes da chegada dos israelitas, e a Fenícia". O texto bíblico continua falando da descendência de Cuch e das nações que dessa descendência se originou como os Babilônios, que estavam na Assíria. Ainda a descendência de Cam se espalhou por toda a Arábia.

A outra pergunta precisa ser respondida. Qual foi a maldição? O texto diz assim: "*Maldito seja Canaã. Escravo de escravos será para os seus irmãos*". A ideia aqui de escravidão é de sujeição de parte deste povo. Alguns textos posteriores dão a entender que isto foi cumprido (Josué 9:27, 16:10, Juízes 1:28,30,33,35; 1 Reis 9:20-21).

O que desejo ressaltar aqui é que a maldição obviamente não pode atingir a raça negra, pois muitos outros filhos de Cam também eram negros além de Canaã e foram povos poderosíssimos. Se é que esta teoria de que somente Cam dos filhos de Noé era negro tem algum fundamento.

Portanto, essa foi mais uma mentira ensinada nas igrejas evangélicas do Brasil e em todas as Américas e Caribe. Teorias como esta têm origem na Europa no tempo em que se cria ser os negros e negras inferiores. Foi usada para justificar as sangrentas colonizações. Como no Brasil, infelizmente, se tem o péssimo hábito de engolir todo o lixo ideológico de outras nações, a igreja evangélica brasileira pregou esta maldita interpretação como se fosse uma verdade incontestável.

Por estas e outras reitero que a igreja evangélica no Brasil deve ter uma postura de reparação para com negras e negros brasileiros. Sugiro aqui também políticas ações afirmativas a partir da igreja e o faço dizendo que essa postura seria a demonstração prática do evangelho puro, justo e simples.

Uma das maneiras de fazer políticas afirmativas será quando nas escolas de confissão religiosa, sejam batistas, presbiterianas, metodistas, luteranas e outras, houver cotas raciais visando à população negra e indígena. Quando as crianças negras puderem estudar nessas escolas que são, desde sempre, excelentes centros de ensino, mas que são instituições elitistas. Mesmo que algumas tenham posturas diferentes em suas histórias iniciais[5].

Também vejo possibilidade de termos negros como pastores nas maiores igrejas evangélicas do Brasil. Quando nas grandes igrejas denominacionais os negros estiverem presentes como lideranças sem necessidade de terem esposas brancas ou vários títulos acadêmicos e diplomas para serem aceitos, a igreja evangélica estará dando um passo importante para a reparação histórica.

E, por fim, quero dizer que outra forma de políticas de ações afirmativas é dar poder de decisão aos negros e as negras tanto nas igrejas como nos setores decisórios das denominações. Porque ainda percebemos que para muitas igrejas a "vontade de Deus" ainda não escolheu negros para ocuparem os setores mais importantes de suas estruturas ou das hierarquias denominacionais. Salvo algumas exceções de negros que se comportam muitos deles, como os anti gos capatazes ou como no conto de Pai João[6], fazendo totalmente a vontade dos brancos se anulando em suas identidades negras tendo dificuldade de participarem ou apoiarem as ações das lutas por direitos dos afrodescendentes.

Algumas bases bíblicas para políticas de ações afirmativas

Quero sugerir alguns textos que colaboram na compreensão bíblica das políticas de ações afirmativas. Esses textos não têm sido lidos da mesma maneira que me aventuro a fazer, mas quero refletir sob os mesmos sob a perspectiva da práxis cristã. Não usarei neste espaço textos do Novo Testamento, mas usarei somente perícopes do Velho Testamento com o objetivo de trazer a luz algumas ações do povo de Israel e também dos líderes e profetas. São textos variados e sem uma conexão aparente. Mas, servem de alicerce para as nossas reflexões sobre as ações de Deus na história dos povos que experimentam as injustiças e as discriminações.

O clamor do sangue

"Disse, porém, Caim a seu irmão Abel: Vamos para o campo. Quando estavam lá, Caim atacou seu irmão Abel e o matou. Então o Senhor perguntou a Caim: Onde está o seu irmão Abel? Respondeu ele: Não sei; sou eu o responsável por meu irmão? Disse o Senhor: O que foi que você fez? Escute! Da terra o sangue do seu irmão está clamando" (Gênesis 4:8-10). A bíblia tem alguns textos que me deixam intrigado quando colocados no contexto histórico brasileiro. Este texto é muito interessante, e ao mesmo tempo preocupante, se o situarmos dentro da realidade brasileira.

O texto mítico, como já frisado acima, é a citação do primeiro homicídio na história humana. Aqui estamos trabalhando a primeira parte do incidente. Caim conduz seu irmão ao campo e ali, de maneira traiçoeira e covarde, mata-o. No desenrolar do texto bíblico, vemos um diálogo revelador entre o homem Caim e Deus.

Deus inquiriu Caim sobre a localização de seu irmão. Deus deseja saber: "*onde está Abel?*" Como pode ser isto? Um Deus que, em suma, é onisciente, ou seja, sabe de todas as coisas, como não sabia onde estava ou o que tinha acontecido com Abel? Obviamente, Deus não tinha perdido nenhum dos seus poderes ou deixado alguma de suas características naturais. O que o texto sugere é que Deus deseja fazer com que Caim perceba que o que tinha feito era tão catastrófico que havia causado estranheza no próprio Deus. Sim, porque matar um irmão causa repúdio a todo o universo e atinge a Deus. Caim por sua vez, demonstra total indiferença em relação à situação do seu irmão. Assim também acontece aos opressores, eles são indiferentes às dores dos oprimidos.

Entretanto, o que mais salta aos olhos neste texto é a reação de Deus e sua revelação surpreendente. Deus pergunta, como se não soubesse, o que Caim havia feito e ainda pede para que Caim escute com atenção, pois o sangue de Abel estava clamando da terra. Isso deveria nos deixar estupefatos: o sangue dos oprimidos clama diante de Deus!

Quando penso nesse texto e nessa expressão em particular: "*Da terra o sangue do teu irmão está clamando*", levo à minha mente para aquilo que toda sociedade não pode esquecer, que são os quase 350 anos de escravidão no Brasil. Imagine a quantidade de sangue derramado nesta nação. Sangue de negros que foram escravizados, molestados, violentados, e tudo só para suprir uma economia perversa que favorecia os poderosos da época. Quanto sangue derramado nas fazendas, nas grandes cidades para manutenção de um *status quo* que tinha escravos e escravas como motores? Quantas mulheres violentadas para satisfazerem homens violentos, incapazes da conquista feminina? Quantas crianças que sem esperança foram amordaçadas em suas fantasias e sonhos, agredidas e separadas de seus pais?

O que vejo no texto bíblico e que proponho como uma das bases para políticas de ações afirmativas é que Deus está ouvindo o clamor do sangue que foi derramado nesta nação, nos vários países da África, nas Américas e Caribe. Pois se Deus ouviu o clamor do sangue de um homem, certamente, ouviu o clamor dos nossos ancestrais que sofreram os horrores de uma escravidão sangrenta.

O texto bíblico enfatiza um alerta de Deus para as sociedades brasileira, americana e caribenha. Deus diz a todos nós hoje: "Escute". Sim, como disse para Caim, diz para todas as sociedades, governos, políticos, religiosos, ateus, homens e mulheres: "Escutem o clamor do sangue dos oprimidos, dos escravizados, dos vendidos como coisa. Escutem o clamor daqueles que morreram morreram no passado por causa da maldade dos homens que detinham o poder. Sim, vocês são os responsáveis. Não adianta serem indiferentes dizendo: 'Não sabemos onde eles estão'. Vocês sabem o que fizeram e precisam reparar com ações que amenizem o sofrimento de todo o povo que vocês espoliaram e abusaram".

Às vezes, penso que o Brasil não está sob o juízo de Deus. E Deus só vai derramar o Seu perdão neste país quando houver reparação à população negra que antes sofreu a escravidão e, agora, a exclusão social. O juízo de Deus será aplacado quando, junto com pedido de perdão, houver justiça reparadora para essa população.

O faraó, a princesa e o Estado

"Naquela mesma noite o faraó mandou chamar a Moisés e Arão e lhes disse: "Saiam imediatamente do meio do meu povo, vocês e os israelitas! Vão prestar culto ao Senhor, como vocês pediram. Levem os seus rebanhos, como tinham dito, e abençoem a mim também". Os egípcios pressionavam o povo para que se apressasse em sair do país, dizendo: "Todos nós morreremos!". Então o povo tomou a massa de pão ainda sem fermento e a carregou nos ombros, nas amassadeiras embrulhadas em suas roupas.Os israelitas obedecerem à ordem de Moises e pediram aos egípcios objetos de prata e de ouro, bem como roupas. O Senhor concedeu ao povo uma disposição favorável da parte dos egípcios, de modo que lhes davam o que pediam; assim eles despojaram os egípcios. Os israelitas foram de Remasses até Sucote. Havia cerca de seiscentos mil homens a pé, além de mulheres e crianças. Grande multidão de estrangeiros de todo tipo seguiu com eles, além de grandes rebanhos, tanto de bois como de ovelhas e cabras" (Êxodo 12:31-38). A saga da libertação dos escravos hebreus do Egito nos dá algumas possibilidades de refletirmos sobre as políticas de ações afirmativas que precisam continuar sendo implantadas no Brasil. Aprendemos com esta história qual devia ter sido a postura dos governantes após a libertação dos escravos e também como deve ser a postura do Estado brasileiro junto aos que experimentam a consequência de uma "libertação" sem estrutura e sem respeito aos que estavam sendo libertos.

No Brasil a chamada abolição que se transformou num ato de protesto, foi feita sem consciência alguma. Sem a percepção da necessidade de se construir condições adequadas para que toda a população negra não sofresse com os anos posteriores. Aqui a princesa Isabel agiu como se quisesse mostrar que também tinha força e, acompanhada por um bando de gente que não tinha a devida visão do futuro, sancionou a abolição sem que houvesse um planejamento adequado que visasse o bem-estar dos negros e negras.

Como seria bom se a princesa, que não experimentara nenhuma praga, tivesse lido com atenção e aprendido as lições com o faraó!

No contexto da história que lemos, Deus chama Moisés para que fosse o líder do povo hebreu e, em nome dele, libertasse o povo da escravidão egípcia. Os judeus ficaram cerca de quatrocentos e trinta anos escravos no Egito. Através das dez pragas que foram a maneira de Deus manifestar o seu juízo, o povo foi liberto. O coração de faraó estava endurecido e ele não reconhecia a necessidade de libertar os escravizados. Isso é ponto singular nos opressores. Eles não reconhecem o mal que estão fazendo. Foi assim com os governantes da época da escravidão no Brasil. Pena que não tivemos as pragas aqui para apressar o processo de libertação.

O que quero ressaltar aqui, não é, propriamente, a história do êxodo hebreu, mas, sim, o seu final. Pois a história da libertação do povo hebreu sob o comando do negro Moisés nos ajuda a compreender a nossa realidade histórica e também o nosso futuro como povo negro neste país.

O texto que lemos mostra a postura de Moisés em relação a maneira que o povo devia sair do Egito. Parte do texto diz: "*os israelitas obedeceram à ordem de Moisés e pediram os egípcios objetos de prata e ouro, bem como roupas"*. Notamos a preocupação do líder Moisés com o futuro do povo. Pois ele orienta aos hebreus pedirem, e nesse caso, ordenarem aos egípcios que dessem condições para que o povo pudesse continuar a sua história.

Outra coisa interessante no texto é que os egípcios já estavam dispostos a salvaguardarem os direitos dos israelitas. E isso foi uma intervenção de Deus nas mentes e nos corações daquela gente. Os israelitas tinham o favor dos egípcios. Vemos que Deus age na História do seu povo como também já está agindo em favor da população negra do Brasil.

As políticas de ações afirmativas precisam ter mão dupla. Devem atingir os negros e indígenas que foram as partes da população brasileira mais sacrificadas no país.

Gosto muito da palavra do faraó quando diz: "*Vão prestar culto ao Senhor, como vocês pediram. Levem os seus rebanhos, como tinham dito, e abençoem a mim também*". Aqui notamos que o povo ficou livre para prestar culto a Deus. O povo estava sendo liberto para adorar aquele que era e é o Senhor do universo, o Senhor da história, o Deus dos deuses.

Interessante que o povo estava livre para cultuar, para ter a sua religiosidade sem que fosse oprimido por isto. É óbvio que não sou adepto de religiões chamadas, e sempre vou chamá-las assim, de religiões de matizes africanas. Mas, no Brasil ainda falta liberdade para que os participantes destas religiões se expressem. Para os negros de matizes africanas falta, talvez, reconhecimento como religiões brasileiras e mais liberdade de culto. Já para os negros que fizeram opção pelo evangelho de matiz, também, africana, falta o respeito por parte dos adeptos das chamadas religiões de matizes africanas para com a opção por Cristo ressurreto que reina para sempre.

As políticas de ações afirmativas são caminhos para que o governo brasileiro tenha uma postura mais favorável em relação aos negros da nação. Ter a postura de faraó é melhor que ter a postura da princesa. Portanto, posso ver a justiça por meio das reparações colocadas em prática no Brasil. Provavelmente, assim o país fica distante das manifestações que evidenciem a exigência divina e seu juízo. Quanto mais rápido os negros e negras forem incluídos no processo social, político e econômico, mais o Brasil estará sob a misericórdia de Deus e não sob o juízo dele. Pois, como diz a bíblia: "*Terrível coisa é cair nas mãos do Deus vivo*" (Hebreus 10:31).

Ação a favor dos pobres

"Se houver algum israelita pobre em qualquer das cidades da terra que o Senhor, o seu Deus, lhes está dando, não endureça o coração, nem fechem a mão para com o seu irmão pobre. Ao contrário, tenham mão aberta e emprestem-lhe liberalmente o que ele precisar. Cuidado! Que nenhum de vocês alimente este pensamento ímpio: 'O sétimo ano, o ano do cancelamento das dívidas, está se aproximando, e não quero ajudar o meu irmão pobre'. Ele poderá apelar ao Senhor contra você, e você será culpado desse pecado. Dê-lhe generosamente, e sem relutância no coração; pois, por isso, o Senhor, o seu Deus, o abençoará em todo o seu trabalho e em tudo o que você fizer. Sempre haverá pobres na terra. Portanto, eu lhe ordeno que abra o coração para o seu irmão israelita, tanto para o pobre como para o necessitado de sua terra". (Deuteronômio 15:7-11)

O texto bíblico acima deixa clara a postura que Deus esperava do seu povo quando houvesse pobres inseridos no meio da população. A perspectiva era voltada especificamente aos israelitas que viviam na terra que foi dada pelo Senhor. Nesta terra as dívidas dos mais pobres deveriam ser perdoadas. Os hebreus não poderiam ter os corações endurecidos nem as mãos fechadas para ajudar aqueles que mais necessitavam. Pelo contrário, eles deveriam ter as mãos abertas e, assim, deveriam emprestar com liberalidade.

O conselho do texto é que os israelitas não se deixassem levar pelos seus corações quando chegasse o sétimo ano. Este ano haveria o cancelamento das dívidas dos mais pobres. Haveria certa reparação através do perdão das dívidas daqueles que não podiam pagar. Todos deveriam ter atenção para que não houvesse um pensamento mesquinho e fora da vontade de Deus. Eles não poderiam pensar que no ano do cancelamento das dívidas não ajudariam os mais pobres. Se alguém pensasse assim poderia sofrer a ação de Deus por se comportar como um pecador. O pobre poderia apelar ao Senhor que impingiria culpa sobre aquele que negasse ao pobre as possibilidades de subsistência e vida.

O autor do texto em Deuteronômio mostra que ajudar os mais pobres é uma ação que tem como resultado da bênção do Senhor. Essas bênçãos são manifestadas na vida cotidiana, no trabalho e em tudo o que aquele que ajuda o pobre fizer.

Mesmo que o texto deixe ressaltado que sempre haverá pobre na terra. Ou seja, sempre haverá homens com disposição para oprimir e explorar os mais pobres. Sempre haverá homens e mulheres com desejo de impedir o crescimento social, econômico e político daqueles que são mais pobres e desfavorecidos. A instrução dada aos israelitas era que eles sempre estivessem com os corações abertos para os mais pobres e necessitados daquela terra. Pois, viver na terra que fora prometida por Deus requeria o cumprimento do cuidado com os mais pobres.

Quando pensamos na pobreza no Brasil ainda ficamos presos numa realidade que desprivilegia a população negra (pretos e pardos) 53% que em todos os tempos estão longe das oportunidades para a franca competição no mercado de trabalho, nas escolas, nos setores de produção etc. Pois, há cerca de 16 milhões de pessoas abaixo da linha da pobreza ou em extrema miséria. A maioria negra e jovem. Ainda que tenhamos visto nos últimos anos uma redução considerável da quantidade de pessoas que estavam abaixo do nível de pobreza através dos programas sociais do governo Federa[7]. Ainda a população negra tem sido desprestigiada no Brasil e continua sofrendo as consequências da escravidão e da falta de políticas públicas de reparação histórica.

Portanto, tendo em vista que ainda hoje os mais pobres são ne gros, resquícios da história da escravidão e uma abolição sem estrutura alguma lançou a população negra às margens dos setores de decisão social, político e econômicos.

Pensar na população negra é refletir sobre o pobre. É dar a eles a oportunidade de serem vistos e aceitos como são. De criar caminhos para a ascensão em todas as esferas da sociedade.

Este é o tempo importante para a reparação à população negra através das políticas públicas que visem abrigar os mais pobres do país.

Deus será exaltado se os indivíduos e o próprio Estado brasileiro resolverem cuidar dos pobres com todo o cuidado. Mas, o Senhor será insultado caso não haja generosidade para com os mais pobres e para os negros do Brasil.

De mãos vazias jamais... Isso não agrada a Deus

"Se for vendido um teu irmão hebreu ou irmã hebreia, seis anos te servirá, mas no sétimo ano o libertarás. E, quando o libertares, não o deixarás de mãos vazias; liberalmente o fornecerás do teu rebanho, e da tua eira, e do teu lagar; conforme o Senhor teu Deus tiver abençoado lhe darás. Pois lembrar-te-ás de que foste servo na terra do Egito, e de que o Senhor teu Deus te resgatou; pelo que eu hoje te ordeno isso" (Deuteronômio 15:12-15). Este texto traz algumas questões muito importantes para a nossa compressão da escravidão entre o povo hebreu. Havia o jubileu que determinava o período de serviço daqueles que eram considerados escravos. Na maioria das vezes, as pessoas se tornavam escravas para o pagamento de alguma dívida e tinha um período determinado de seis anos. No sétimo ano os escravos eram libertos. E isso não era um costume, algo da cultura do povo, era lei. Lei dada por Deus que deveria ser seguida por todos indistintamente.

No texto lido, o que chama atenção e que devemos dar crédito, nos reportando à sociedade brasileira, que é religiosa e se diz cristã, é a expressão bíblica: "*E, quando o libertares, não o deixarás de mãos vazias*". Esta expressão imperativa de Deus, nos faz refletir sobre a maldade que sofreram os negros e negras brasileiros e africanos que foram libertos a partir de 1888. O texto mostra que a libertação deveria vir com reparação, com estrutura, com respeito aos anos de dedicação, trabalho e sofrimento dos escravos. Os escravos não deveriam sair de mãos vazias, sem propriedades, sem eira nem beira, sem lugar para descanso. Pelo contrário, a orientação divina era que deveria ser fornecida toda a estrutura para que os escravos e suas famílias pudessem continuar a jornada da vida. O interessante é que tudo deveria sair do próprio senhor, porque tudo que os "senhores" daquela época tinham não era dado senão pelo próprio Deus. Como até hoje tudo o que temos pertence ao Senhor Deus e tudo vem dele.

Os escravos tinham o direito de receber do senhor o gado para subsistência e crescimento futuro. O rebanho significava numa região rural, a riqueza. Mas, também o senhor devia tirar da sua própria "eira" cereais e legumes para a alimentação dos escravos que estavam sendo libertos. A "eira" era um local apropriado para se debulhar e limpar cereais e legumes. E ao mesmo tempo, era área de depósito de sal, que era muito importante para os povos daquela época pós-exílio egípcio. Além disso, o senhor antes de deixar o escravo ir, devia tirar do seu "lagar" uvas e azeitonas e outros materiais que eram espremidos ali.

Nota-se a preocupação de Deus para com aquele que seria liberto. A escravidão não era uma prática tolerada por Deus, mas a dureza e maldade no coração do homem fizeram com que ela fosse uma realidade. Antes, era usada como pagamento de dívidas e depois em todo o mundo, principalmente no Brasil e em todo o continente americano, como instrumento de opressão, tortura e discriminação racial.

Dar condições aos escravos depois de libertos era uma ordem de Deus ao povo hebreu e, consequentemente, é a ordem dada a todos os países caracterizados como nações cristãs.

Entretanto, essa não foi uma ordem aceita neste país que se denomina cristão. Pois após a abolição ou a assinatura da lei áurea os negros foram deixados de lado, esquecidos e maltratados. Contrariamente a tudo o que o texto bíblico diz, os negros do Brasil estiveram distantes das necessidades básicas e experimentaram muitos sofrimentos. Além das discriminações por causa da cor da pele, enfrentaram leis injustas que inviabilizaram ascensão social, cultural e econômica.

Se observarmos as estatísticas dos órgãos governamentais como o PNAD, o IPEA e o IBGE veremos que, em todas as instâncias e esferas sociais, os negros e os índios estão aquém em relação aos não-negros e não-indígenas. Apesar de saber que, pelo menos, os índios possuem "proteção" governamental e têm parte de suas terras protegidas, classificadas como reservas. A população quilombola, em muitos casos, ainda sofre o peso das perseguições constante dos latifundiários inescrupulosos que querem roubar suas terras e, de várias maneiras, invalidar os seus direitos.

O que lemos na bíblia é que políticas de ações afirmativas são propostas de Deus e visam a restauração de pessoas injustiçadas pela exclusão social, política e econômica. Portanto, se é coisa de Deus, é coisa dos que nele creem.

As políticas de ações afirmativas eram leis divinas que transpuseram até a cultura daquele povo. Obviamente, o povo de Israel que após o êxodo se formara, tinha uma postura teocrática, nós somos democratas, mesmo com uma democracia frágil e sujeita a todo tipo de incoerência. Se mesmo num governo tido como teocrático a justiça era a principal meta, num país democrático e laico essa deve continuar a ser a meta, o objetivo primordial. Pois, os que sofrem a opressão histórica devem ter a primazia nas políticas de ascensão e oportunidades. Os negros e as negras experimentaram, por diversos momentos, um processo de desumanização que, se não fora a persistência e resistência, teriam sucumbido e este país teria perdido a sua beleza.

Para relembrar e refletir

1. Como entender o cristianismo de matriz africana?
2. Você acha que o sangue derramado no período da escravidão continua a clamar diante de Deus por justiça?
3. Existem maneiras de libertar um povo sem que haja prejuízo para o futuro deste povo?
4. O que fazer quando textos bíblicos são usados para discriminar um grupo específico de pessoas?
5. A postura de faraó diante do povo de Israel devia ter sido a postura dos países escravocratas ao libertarem seus escravos?
6. O que devemos fazer para evitar que a bíblia seja usada como instrumentos de discriminação e racismo?

Notas

1 López. Maricel Mana. Raizes afro-asiáticas do mundo bíblico – Desafios para a exegese e a hermenêutica latino-americana. *In*: Raizes afro-asiaticas no Mundo bíblico. *Revista Ribla*, n. 54. Petropolis: Vozes. 2006, p. 26.

2 "Enquanto que na tradição javista as genealogias das terras africanas são apresentadas como principais, na sacerdotal são descritas como um elemento filial à humanidade de Cam. Enquanto que as passagens javistas de Gn. 10 evidenciam influências parecem ser minimizadas a simples relações genealógicas. Enquanto a fonte javista apresenta o quadro de influências africanas como primárias dentro do mundo, a fonte sacerdotal descreve um mundo no qual a influência africana é diminuída" (López, Maricel Mana. Raízes afro-asiáticas do mundo bíblico – Desafios para a exegese e a hermenêutica latino-americana. *In*: Raízes afro-asiáticas no Mundo bíblico. *Revista Ribla* n. 54. Petrópolis: Vozes, 2006. p. 29.

3 Lopez. Maricel Mana. Raízes afro-asiáticas do mundo bíblico – Desafios para a exegese e a hermenêutica latino-americana. *In*: Raízes afro-asiáticas no mundo bíblico. *Revista Ribla* n. 54. Petrópolis: Vozes, 2006, p. 38.

4 Arana, Andrés Ibañes. *Para compreender o livro do Gênesis*. São Paulo: Paulinas, 2003, p. 159

5 http://up.mackenzie.br/ipm/o-instituto/historia-do-instituto/

6 http://www.jangadabrasil.com.br/revista/fevereiro63/im63002c.asp

7 http://www.redebrasilatual.com.br/cidadania/2011/05/maioria-dos-16-2-milhoes-de-brasileiros-na-miseria-e-jovem-negra-e-nordestina

5. BREVE RELATO HISTÓRICO: O JUÍZO DE DEUS DIANTE DA INJUSTIÇA

A escravidão no Brasil tem sido tema de livros, periódicos, textos em jornais e revistas, teses acadêmicas, documentários etc. Logo, escrever sobre este assunto me dá liberdade de informar que nada será novo debaixo do sol e que não tenho interesse em elaborar conceitos nem me aprofundar naquilo que muitos já estudaram e leram exaustivamente.

Antes de refletirmos um pouco sobre a escravidão da população negra no Brasil precisamos passar, mesmo que em um relance, na escravidão do povo que já estava aqui no tempo do domínio espanhol. Os bandeirantes durante anos foram minando a existência das aldeias indígenas provocando o que podemos chamar de extermínio. Segundo Câmara:

> No tempo do domínio espanhol (1580-1640), os paulistas foram os rudes operadores do desenvolvimento brasileiro, no Centro e no Sul do país, avançaram até muito longe pelo interior das terras à procura de ouro e à caça de índios para escravizá-los como mão de obra para as fazendas da costa brasileira [...] A primeira guerra dos paulistas, dirigida por Jerônimo Leitão, foi feita contra tupiniquins do Anhambi, hoje Tietê, que contavam, segundo os jesuítas espanhóis, com 300 aldeias e 30 mil combatentes[1].

Por muito tempo os índios foram objetos da escravidão. Os bandeirantes derramaram muito sangue fazendo dos índios, mesmo mortos, troféus em exaltação a maldade que nutriam e cultivavam em suas mentes doentias. Como afirma Basbaum:

> os índios, quando não eram simplesmente mortos no local, por todos os processos imagináveis, incluso o terror, viam-se mutilados, perdiam o nariz e as orelhas, que eram trazidas aos povoados como prova de heroísmo[2].

Os portugueses também não ficaram incólume a esta empreitada. Com o apoio dos jesuítas mostraram as suas garras colonialistas lançando os índios ao escravismo, à violência e a destruição de suas culturas, terras e povo. Mas, foram eles que em 1543 iniciaram e dimensionaram a escravidão para outro grupo que viria a ser mais rentável e mais produtivo que os índios. Segundo Câmara:

> o primeiro e cruel 'contrato' com mercadores de escravos negros foi assinado entre o governador da cidade do Rio de Janeiro, Salvador Correia de Sá, e o mercador João Guimarães Valério. Na passagem do século XVI para o XVII, já havia maios de 50 mil escravos negros nas lavouras do Brasil, a maioria na Província de Pernambuco, onde se concentravam os grandes engenhos de açúcar[3].

A partir daí o comércio de escravos da África se transformou numa das maiores crueldades de todos os tempos no mundo. Este fato se explica porque a escravidão no Brasil foi a que mais trouxe escravos em toda a América Latina e aquela que perdurou por maior tempo. Além do requinte de crueldade estabelecido nos engenhos espalhados pelo país.

Esta escravidão que de forma irresponsável acabou em 1888 trouxe uma marca indelével à nação brasileira que, por muitos anos, continuou a criar leis que impediram a população negra do país de se desenvolver. Para que esta parcela da sociedade brasileira não crescesse econômica, social e culturalmente foi necessário a criação de sistemas políticos, jurídicos e institucionais motivados pelo racismo existente na sociedade.

A abolição de 1888 retirou os negros da escravidão e os fez entrar em profunda desigualdade. Para eles faltava toda a estrutura para a sobrevivência. Os negros subsistiram num sistema que lhes excluía por serem considerados inferiores e incapazes. A abolição não lhe deu chance de criarem as suas bases para seguirem a vida e dar as gerações futuras condições de se estabelecerem como cidadãos.

Obviamente, não tiramos o valor dos esforços dos vários abolicionistas que lutaram pela libertação dos escravos. O principal deles foi Joaquim Nabuco que utilizou seu prestígio, inteligência e influencia para fazer excelentes propostas a favor do fim da escravidão dos negros no Brasil. Entretanto, não podemos deixar de ressaltar os interesses políticos, ideológicos e até econômicos que se escondiam por detrás de suas ações abolicionistas. Pois, "para Nabuco o progresso estava por vir e a escravidão se colocava como uma barreira a esse processo de modernização"[4]. Mas, foi ele, dos intelectuais da época, quem conseguiu fugir da ideia racionalista dando maior valor aos negros buscando para eles a possibilidade de livres viverem como cidadãos.

Entretanto, ainda assim não conseguia se distanciar totalmente da ideia de que os negros eram um problema para a sociedade brasileira.

Com o passar do tempo vimos a construção da ideologia do branqueamento que promulgava a ideia da miscigenação como forma de diminuir a quantidade da população negra no país. Para Passos:

> o mestiço se tornaria branco, pois, a raça superior iria abolir a inferior. A miscigenação, neste caso, levaria a construção de uma sociedade branca não mais fadada ao desaparecimento como apontava vários estudos eurocêntricos da época, mas sim, apta a nascer para o mundo[5].

A história não nega que a população se misturou bastante, mas os negros não foram aniquilados, pelo contrário, são mais da metade da população do país.

No Brasil o racismo como doutrina estabelecida que determina um grupo superior a outro por causa da raça foi a base para todas as relações pós-abolição. Por muitos anos setores como a política, a magistratura e a educação não eram preenchidos com a presença de negros. Como consequência de uma abolição que tinha os interesses políticos, econômicos e ideológicos em primazia os negros foram colocados na exclusão social com um sistema discriminatório que impossibilitou a ascensão da população negra.

O que vem à mente quando se pensa em juízo de Deus?

Ao pensarmos as situações de opressão ocorridas no mundo inteiro, temos a tendência em pensar no Deus que não está indiferente e por isso manifesta o seu decreto naqueles que desagradam as suas leis. O verso de Provérbios 14:31 mostra que Deus não se agrada e se sente desonrado quando há opressão contra os pobres: "*O que oprime ao pobre insulta ao seu Criador; mas honra-o aquele que se compadece do necessitado*". Este Deus também não se agrada da opressão realizada sobre os negros, sobre as mulheres, sobre as crianças, sobre as várias minorias econômicas, sexuais ou sociais em todo o mundo.

Em vários momentos no Velho Testamento, notamos Deus enfurecido com as ações dos maus que maltratavam os seus filhos, fosse o povo escolhido, ou aqueles que eram ultrajados com a violência. Os Salmos, por exemplo, dão claras noções de como Deus ficava ao ver a opressão do seu povo e dos desfavorecidos.

Deus é Deus de juízo. E o que vem à nossa mente quando pensamos no juízo de Deus? Como encaramos isso diante de tudo que aconteceu no Brasil com a população negra, com o que ocorreu no Haiti através do embargo francês seguido por vários países da Europa que levou àquele país a se tornar o mais pobre das Américas?

Será que Deus se importa tanto com os desfavorecidos que intervém na história demarcando a Sua vontade e demonstrando o seu furor como afirma o Salmo 18, em que Deus como "leviatã" sai destruindo tudo por amor aos que experimentam a intensidade da maldade dos maus e perversos?

Como juíz, o Senhor age em favor dos que sofrem e os defende. Mas, mostra o seu juízo na vida daquele que oprime ou rouba o pobre. O texto de Provérbios 22:22-23 avisa com veemência: *"Não roubes ao pobre, porque é pobre, nem atropeles na porta o aflito; porque o Senhor defenderá a sua causa em juízo, e aos que os roubam ele lhes tirará a vida".*

Notamos que Deus se mostra totalmente favorável àqueles que experimentam todo tipo de opressão. Seja ela social, política ou até mesmo emocional e psicológica. Mas, também quando pensamos em juízo de Deus levamos as nossas mentes ao juízo escatológico, mais comum entre os cristãos, em que compareceremos diante de Deus nos finais dos tempos.

Mas, tanto o juízo histórico, se assim podemos chamar, quanto no escatológico há resultados iminentes. Estes resultados e suas consequências serão experimentados por aqueles que são considerados fora do padrão do próprio Deus.

O juízo escatológico

Quando refletimos sobre o juízo de Deus vem a nossa mente a ideia do juízo final que todos nós experimentaremos. Não queremos entrar em questões polêmicas aqui pois este não é o nosso objetivo. O que sabemos é que aqueles que foram justificados com Cristo recebendo-o como Senhor da vida passarão por este juízo não para serem condenados, mas para serem, digamos, avaliados. Os justificados assim o são por causa do sacrifício de Cristo na cruz.

Pois, "como agora fomos justificados por seu sangue, muito mais ainda, por meio dele, seremos salvos da ira de Deus" (Rom 5:9).

Não obstante, todos nós passaremos por este juízo. Um dia todos nós estaremos diante do tribunal de Deus face a face e lá seremos avaliados sobre a maneira que vivemos na terra. Sim, a maneira que vivemos. Na carta aos Romanos 2:6-9a o apóstolo Paulo exorta que:

> Deus retribuirá a cada um segundo o seu procedimento. Ele dará vida eterna aos que, persistindo em fazer o bem, buscam glória, e imortalidade. Mas, haverá ira e indignação para os que são egoístas, que rejeitam a verdade e seguem a injustiça. Haverá tribulação e angústia para todo ser humano que pratica o mal...

Porém, não é necessário pensarmos em nossa vida social, moral, emocional ou espiritual avaliando que não seremos aprovados no juízo final por causa de nossas imperfeições. Pois, "se fossemos julgados simplesmente com bases em nossas próprias realizações, não haveria esperança para nós"[6].

Obviamente poderemos sim contar com a graça de Deus e Sua misericórdia. Mas, o que será levado em conta mesmo é o nosso relacionamento com o Senhor Jesus Cristo.

O juízo, portanto, será um ato de vitória a todos os que receberam a Cristo como Senhor em suas vidas. Mas, também será um momento de revelação da glória que será experimentada por aqueles que permanecerem confiando na graça de Jesus Cristo. Como afirma Schwarz:

> o juízo final tem um aspecto confortador. Uma vez que vivemos no ínterim entre a ressurreição de Cristo e sua parúsia e já participamos de novo mundo através do Batismo, o juízo implica a revelação final desse novo mundo sem contaminação e dano... O juízo é a entrada desse novo mundo[7].

Logo, continua o autor:

> para os cristãos, o dia do juízo não deve ser objeto de pavor, mas de expectativa. Tendo em vista que Jesus Cristo, nosso Senhor, será o juiz, há motivo para se aguardar esse dia com confiança. Uma vez que ele nos redimiu, certamente não nos condenará agora. O dia do juízo será o dia da glória do Senhor, pois aquele que foi ignorado e desprezado com tanta frequência finalmente retornará em glória e poder e reunirá com ele aqueles que confessem seu nome[8].

O juízo final para aqueles que andam no caminho correto em direção a Cristo e que vivem a vida nos padrões de justiça e de honestidade daqueles que seguem o Mestre será um presente e não um momento a que se deva temer.

O juízo histórico

Há o que chamo aqui "juízo histórico" ou o juízo que se demonstra na história. Não quero afirmar que esse juízo que se vê na história, seja de indivíduos ou nações, prevalece sobre o juízo como um evento futuro. Mas,

> Há um julgamento providencial de Deus nas vicissitudes de indivíduos e nações, embora nem sempre se reconheçam como tais. A Bíblia nos ensina claramente que, ainda na presente vida, Deus visita o mal com castigos e recompensa o bem com bênçãos, e que estes castigos e recompensas são positivos nalguns casos, mas noutros aparecem como resultados providenciais naturais do mal cometido ou do bem praticado [...], Mas, também é manifesto nas escrituras que os juízos de Deus no presente não são finais. As vezes o mal prossegue sem devida punição,

> e o bem nem sempre é recompensado nesta existência com as bênçãos prometidas[9].

Nesta perspectiva podemos perceber que o juízo de Deus além de ser um evento prometido para o futuro é também uma promessa para o cotidiano. Algo que se manifesta na história dos homens.

Gosto de saber que aos maus está reservada a possibilidade de arrependimento, mas também a certeza de que a impunidade não será possível para aqueles que oprimem e matam causando todo tipo de dor.

O juízo de Deus se torna imanente diante das situações que afetam a criação e que afrontam o caráter de Deus.

Deus, o juízo e os opressores

Obviamente, existe uma correlação entre o juízo de Deus e os opressores. Todo opressor está sob a possibilidade de experimentar em sua vida o peso de suas consequências. Em muitos momentos da história podemos observar que os opressores têm dias contados e delimitados. Não importa o nível da maldade, tortura, corrupção, violência, um dia as coisas são reveladas e o juízo vem. E se mostra na vida do indivíduo de alguma maneira.

Muitos opressores surgiram no Brasil e em toda a América Latina e Caribe. Desde aqueles senhores que tratavam seus escravos com muita maldade até aqueles que participavam da estrutura para a manutenção da escravidão a todo o custo visando o enriquecimento de uma minoria. Com isto, muitas mortes ocorreram, muitos estupros e todo o tipo de violência contra homens, mulheres e crianças.

Mesmo que venhamos a pensar que os opressores sempre saem ilesos, podemos ter a certeza que "*Não erreis: Deus não se deixa escarnecer; porque tudo que o homem semear, isso também ceifará*" (Gálatas 6:7). Esta deve ser a certeza dos negros e indígenas neste país. A justiça será feita mesmo tardiamente. As políticas de ações afirmativas podem ser vistas como a manifestação da justiça de Deus sobre os opressores. Pois, muitos ainda estão no poder representados por seus descendentes.

Juízo de Deus sobre os que edificaram suas riquezas em cima da espoliação dos negros

"Ai daquele que constrói o seu palácio por meios corruptos, seus aposentos, pela injustiça, fazendo os seus compatriotas trabalharem por nada, sem pagar-lhes o devido salário" (Jer. 22:13). O capítulo 22 de Jeremias nos mostra o juízo sobre os reis que praticaram a injustiça oprimindo os pobres, as viúvas e os órfãos. Deus se mostra indignado com a situação e continua afirmando que já havia lançado o exílio como forma de juízo. Ele informa que poderia destruir o palácio, a cidade. A ponto de pessoas perguntarem sobre o porquê Deus manifestaria o seu juízo sobre todos. A bíblia diz que esse juízo se tornou real por causa da quebra da aliança que, a partir do rei, se evidenciou. Essa quebra da aliança estava sendo orquestrada através da adoração a outros deuses, mas também à opressão diária sobre o povo mais pobre e excluído.

No verso acima notamos que a opressão se dá com a evidente corrupção e injustiça. As riquezas dos reis e dos poderosos era adquirida através da espoliação das outras pessoas. Uma das características dessa opressão era o trabalho forçado sem nenhum salário que eram impostos sobre os mais pobres.

Podemos transferir essas características para a história do Brasil e ressaltar que no período da escravidão dos negros africanos e depois os negros que nasciam na nação a opressão foi muito dura e persistente, pois durou cerca de 350 anos. Três séculos de trabalhos forçados sem que os negros recebessem um centavo pelo trabalho realizado. Além da exploração física que se dava através da violência dos açoites, correntes, chibatadas, exploração sexual e até serem moedas de negociação para os fins comerciais dos senhores de engenho.

> Na perspectiva dos senhores de escravos do Rio de Janeiro, havia apenas um papel apropriado para os cativos: realizar todas as atividades manuais e servir de bestas de carga da cidade. Eles eram não somente as máquinas e 'cavalos' da capital comercial burocrática, mas também a fonte da riqueza e do capital de seus donos. Todos tentavam investir em pelo menos um escravo, que forneceria suporte financeiro e mão de obra. Os ricos acumulavam tantos 'homens máquinas' quanto possível e punham-nos a trabalhar em diversas profissões [...] os escravos cariocas eram forçados a labutar na agricultura e em atividades de subsistência, transporte, manufatura, pedreiras, obras públicas, vendas e serviços e administração. A maioria deles, evidentemente, era empregada em atividades braçais, desprezadas pelos seus senhores[10].

O juízo de Deus se torna algo inerente caso não haja políticas públicas que diminuam o atraso social resultante do processo histórico causado por séculos de exclusão social. Esse juízo pode ocorrer de várias maneiras, embora sempre intercedamos para que Deus manifeste sempre a Sua misericórdia a haja tempo para que o Estado brasileiro reconheça as injustiças praticadas durante a história.

Juízo de Deus a quem torna a escravizar ou quem exclui

"O Senhor dirigiu a palavra a Jeremias depois do acordo que o rei Zedequias fez com todo o povo de Jerusalém, proclamando a libertação dos escravos. Todos teriam que libertar seus escravos e escravas hebreus, ninguém poderia escravizar um compatriota judeu. Assim, todos os líderes e o povo que firmaram o acordo de libertação dos escravos, concordaram em deixá-los livres e não mais escravizá-los; o povo obedeceu e libertou os escravos. Mas, depois disso, mudou de ideia e tomou de volta os homens e as mulheres que havia libertado e tornou a escravizá-los. Então o Senhor dirigiu a palavra a Jeremias dizendo: "Assim diz o Senhor, o Deus de Israel: Fiz uma aliança com os seus antepassados quando os tirei do Egito, da terra da escravidão". Eu disse: Ao fim de sete anos, cada um de vocês libertará todo compatriota hebreu que se vendeu a vocês. Depois que ele o tiver servido por seis anos, você o libertará. Mas, os seus antepassados não me obedeceram e nem me deram atenção. Recentemente vocês se arrependeram e fizeram o que eu aprovo: cada um de vocês proclamou liberdade para os seus compatriotas. Vocês até fizeram um acordo diante de mim no templo que leva o meu nome, pois cada um de vocês tomou de volta os homens e as mulheres que tinham libertado. Vocês voltaram a escraviza-los. Portanto, assim diz o Senhor: "Vocês não me obedeceram; não proclamaram libertação cada para o seu compatriota e para o seu próximo. Por isso, eu agora proclamo libertação para vocês", diz o Senhor, "pela espada, pela peste e pela fome. Farei com que vocês sejam um objeto de terror para todos os reinos da terra. Entregarei os homens que violaram a minha aliança e não cumprirei os termos da aliança que fizeram na minha presença, quando cortaram o bezerro em dois e andaram entre as partes do animal; isto é, os líderes de Judá e de Jerusalém, os oficiais do palácio real, os sacerdotes e todo o povo da terra que andou entre as partes do bezerro, sim, eu os entregarei nas mãos dos inimigos que desejam tirar-lhes a vida. Seus cadáveres servirão de comida para as aves e para os animais. Eu entregarei Zedequias, rei de Judá, e os seus líderes, nas mãos dos inimigos que desejam tirar-lhes a vida, e do exército do rei da Babilônia, que retirou o cerco de vocês. Darei a ordem". Declara o Senhor, "e os tirarei de volta a esta cidade. Eles lutarão contra ela, e vão conquista-la e incendiá-la. Farei com que as cidades de Judá fiquem devastadas e desabitadas" (Jeremias 34:8-22).

O contexto dessa passagem bíblica é o ano de 587 A.C. quando o exército de Nabucodonosor destrói a Palestina. Zedequias era rei e Jeremias achava melhor que ele se entregasse para que não sofresse maiores consequências. O rei, portanto, montou uma estratégia interessante. Conduziu o povo a dar liberdade aos escravos para que eles pudessem ajudá-lo contra o inimigo. Mas, depois disso o povo volta atrás e coloca o jugo da escravidão em cima daqueles que antes por eles foram libertos.

Deus não gosta da postura que eles tomaram porque já havia colocado esta questão da liberdade daqueles que se faziam escravos no livro da lei que era o manual de conduta e fé diante Dele. Após seis anos os escravos eram libertos. Homens e mulheres. (Ex.21:2 11; Lv.25:3955; Dt.15:12-18) essa deveria ser uma prática de todo o povo. Portanto, a ação daquelas pessoas que usaram outras como escravas depois de libertá-las foi contundentemente reprovada por Deus. A bíblia diz que Deus ficou indignado com a falta de respeito que o povo teve com Ele mesmo. Deus diz que Ele havia tirado o povo na antiguidade da escravidão do Egito e fez uma aliança, um acordo com o povo dizendo: *"ao fim de sete anos, cada um de vocês libertará todo compatriota hebreu que se vendeu a vocês. Depois que ele tiver servido por sete anos, você o libertará"* (Jeremias 34:14). Mas, Deus disse que os antepassados não atenderam a ordem dele. Mas, aquela geração se arrependeu e libertou os escravos fazendo até um acordo no templo (Jeremias 34:15). Porém, a bíblia diz que Deus sentia o seu nome profanado porque aquela geração que havia feito o certo cumprindo o jubileu (Deuteronômio 15) libertando os escravos, agora torna a escravizá-los.

A perspectiva de Deus em relação a escravidão era pessoal. Deus se sente ofendido, profanado por causa da escravidão. Mesmo que esta escravidão fosse aquela em que o indivíduo se colocava numa situação de escravo a fim de pagar as dívidas familiares, do clã ou do grupo.

Podemos intuir como Deus, o criador de todas as coisas, sentiu-se ao ver parte da humanidade sendo usada com animais para fim absurdos. Imagine Deus vendo pessoas, algumas até que professavam a fé nele, se abastecendo de toda a riqueza do Brasil utilizando meninos e meninas, homens e mulheres negros para sustento de suas ganâncias.

No texto acima, notamos a reação de Deus diante aquela atrocidade de novamente escravizar os pessoas. Deus se irrita e manifesta um juízo eminente ao povo daquela época. O texto diz: "*Portanto, assim diz o Senhor: 'Vocês não me obedeceram; não proclamaram libertação cada um para seu compatriota e para o seu próximo. Por isso, eu agora proclamo libertação para vocês, diz o Senhor, pela espada, pela peste e pela fome. Farei com que vocês sejam um objeto de terror para todos os reinos da terra*" (Jeremias 34:17).

O mesmo Deus que proclamou estas palavras no tempo e através do profeta Jeremias age hoje e se sente profanado com a exclusão, com a escravidão, com o preconceito, com o racismo. Deus não fica contente em ver os vários jovens negros sendo objetos de genocídio no Brasil. O Senhor se sente aviltado porque odeia a opressão, seja ela amena seja ela mais consistente. No livro de Provérbios 14:31, como lemos, diz: "*Oprimir o pobre é ultrajar o seu criador, mas tratar com bondade o necessitado é honrar a Deus*". Bem que poderíamos colocar negros no lugar dos pobres até porque são os negros que estão na linha mais pobre da pirâmide social. No Brasil, já se tornou chavão, "*a pobreza tem cor e essa cor é negra*". Logo, os que são oprimidos, destituídos de sonhos, desfigurados na autoestima são os negros que, embora não sejam coitados e não se apeguem a essa imagem, são os que mais sofrem no país. Portanto, quando a população negra brasileira, os afro-brasileiros de pele escura são ultrajados, esse ultraje atinge também a Deus que os criou "À *sua imagem e semelhança*" (Gênesis 1:26-27). Mas, quando os negros e negras são tratados com respeito e bondade, Deus recebe a honra que a Ele é devida.

Para relembrar e refletir

1. O que você entende por juízo de Deus?
2. Qual a diferença entre o juízo escatológico e o juízo histórico?
3. Você acha que o Brasil pode estar sob o juízo de Deus por causa da escravidão?
4. Qual é para você a relação de Deus com aqueles que escravizam outras pessoas?

Notas

1 Câmara, Nelson. *Escravidão nunca mais!* São Paulo: Lettera.doc, 2009, p. 28.

2 Basbaum, Leôncio. *História sincera da República*: das origens a 1889. São Paulo: Alfa-Ômega, 1986, p. 78.

3 Câmara, Nelson. *op. cit.*, p. 35.

4 Passos, Ana Helena Ithamar. *De escravizado a cidadão*: o negro no pós-abolição e a construção de uma política de branqueamento. *In*: Construindo a igualdade racial. 1º prêmio para artigos de graduação e pós-graduação. -13 de maio de 2010. Secretaria Municipal de Participação e Parceria/ Coordenadoria dos Assuntos da População Negra, São Paulo. p. 69.

5 *Idem.*

6 Schwarz, Hans. Escatologia. *In*: Braaten, Carl E. & Jenson, Robert W. *Dogmática Cristã*. São Leopoldo: Sinodal, 1995, p. 574.

7 Schwarz, Hans. *op. cit.*, p. 575.

8 *Idem.*

9 Berkhof, Louis. *Teologia sistemática*. Campinas: Luz Para o Caminho, 1990, p. 735.

10 Karasch, Mary C. *A vida dos escravos no Rio de Janeiro* – 1808-1850. São Paulo: Companhias das Letras, 1987, p. 259.

6. A IGREJA EVANGÉLICA DO BRASIL E AS POLÍTICAS DE AÇÕES AFIRMATIVAS

No Brasil existe hoje cerca de 42 milhões de evangélicos. Não há como ignorar a força numérica e, porque não dizer, política deste grupo de pessoas que tem a mesma afinidade espiritual apesar dos vários matizes denominacionais. Falar de evangélicos atualmente é bem diferente que falar dos chamados crentes na década de 1980. Naquele tempo éramos dois ou três por cento da população e não tínhamos a influência que temos hoje. Não éramos colocados como instrumentos de negociação nas rodas de discussão quanto as estratégias políticas. É bem verdade, que havia alguns políticos que tentavam representar os evangélicos. Naquele tempo dava para os evangélicos serem representados por alguns políticos. Temos muitos políticos e cada um representa as suas denominações ou os seus próprios interesses. Nem sempre representações coerentes e éticas ao que se vê.

Portanto, pensar a igreja evangélica brasileira é tarefa quase inglória se a pensarmos de maneira uniforme. São várias igrejas com diversas interpretações e costumes distintos. Não sei se nesse aglomerado de igrejas podemos definir a igreja evangélica brasileira. Obviamente, podemos ver algumas similaridades neste grupo difuso. Algumas coisas chamam a atenção e pululam aos nossos olhos. Daqueles que, como eu, estão dentro, como daqueles que estão de fora deste grupo tão diverso.

Podemos ressaltar a tendência ao fundamentalismo que toma conta de praticamente todas as igrejas no Brasil. É muito difícil ver uma igreja com posturas mais progressistas. E mesmo estas estão, muitas vezes, presas nas interpretações e práticas mais conservadoras. Quando alguém do grupo manifesta uma postura mais radical ou liberal mesmo que não chegue as raias da heresia, é colocado nos limites do ostracismo.

Algumas denominações ou igrejas são profundamente fundamentalistas, fechadas e comprometidas principalmente com as alas mais conservadoras nas áreas econômicas e políticas. Outras tendem a se posicionar num centro cômodo como se estivesse esperando o momento certo para tomar partido e se beneficiar. Mas, existem algumas, bem poucas, que através da liderança pastoral menos comprometida com setores políticos, acabam manifestando uma postura mais audaciosa nas áreas da vida cotidiana.

Outra característica similar que abrange as igrejas e denominações é a tendência ao exclusivismo teológico. Isso causa, às vezes, algumas discordâncias entre as várias igrejas. Todas têm a pretensão de obter a última palavra. As doutrinas são muito importantes, sobretudo para as igrejas históricas como batistas, presbiterianas, congregacionais, metodistas, etc., essas igrejas valorizam as Escrituras Sagradas e se baseiam nelas para formação dos seus membros.

Já no meio pentecostal vemos a mesma característica nas igrejas mais antigas como a Assembleia de Deus, O Brasil para Cristo, Igrejas batistas, presbiterianas e metodistas renovadas, ou seja, igrejas que eram das denominações históricas e que se tornaram pentecostais. Mas, já não podemos dizer o mesmo das igrejas mais recentes como, por exemplo, Universal do Reino de Deus, Renascer, Igreja Mundial de Deus, Vida Plena e outras. Estas se baseiam e, muitas vezes, criam as suas doutrinas a partir das experiências dos líderes ou de grupos considerados detentores de maior espiritualidade. Para estas igrejas, hoje as que mais aparecem na mídia por diversos motivos, as Escrituras são importantes, mas o que valida completamente o teor da espiritualidade são as experiências individuais dos líderes em particular.

E por fim, quero ressaltar a valorização da pessoa como a possibilidade de pertencimento do grupo como uma das maiores características de semelhança nas igrejas chamadas evangélicas. Não há nenhum grupo, clube, associação, sociedade que produza tamanho sentimento de pertença. Ouvindo uma jovem após sair da celebração num domingo, fiquei abismado com aquilo que acabara de ouvir. A jovem estudante de doutorado na maior universidade do país se expressou: "Há muito tempo eu não me sinto tão acolhida". Esse sentimento é sublime para quem sente a necessidade de aceitação e acolhimento. As igrejas, mesmo aquelas que não se preocupam em reunir num cadastro a sua membresia, mesmo aquelas que não produzem aparentemente relacionamentos entre aqueles que nos cultos participam, conseguem aglutinar as pessoas umas às outras de forma tal que todos se sentem como que fazendo parte de uma família. Não obstante, alguns rejeitarem o convívio por motivos particulares, as igrejas evangélicas conseguem criar um ambiente de coesão muito forte entre os que delas participam.

Mas, há também as similaridades com assuntos da sociedade brasileira. Se tratando das questões raciais, percebe-se comportamentos muito parecidos. A igreja evangélica no Brasil, independentemente de sua origem, de sua compreensão das Escrituras, de sua visão política tende a fugir dos assuntos que tratam do racismo. As igrejas e os seus líderes em geral não desejam refletir sobre o assunto com medo que, somente em nomeá-lo, cause divergência e separação.

A democracia racial gospel

É bom lembrar que as questões raciais avaliadas como problema no Brasil teve como alicerce o que foi chamado de "condição inicial". Entendia-se que os problemas de desigualdade entre negros e brancos se dava por causa das questões econômicas estabelecidas desde a colonização. Como os negros não tiveram as oportunidades iniciais durante e nem após a abolição acreditava-se que, por causa das desvantagens sofridas pela população negra do país, os negros e as negras precisavam se esforçar muito para recuperarem e suprirem as discrepâncias econômicas entre negros e brancos. Não conseguindo, as desigualdades continuariam sendo marcantes. Mas sempre uma desigualdade de classe e não devido a qualquer sistema de discriminação. A mobilidade social era o motor de toda explicação da relação classe e raça.

> A tradição sociológica de estudos das questões raciais no Brasil, que sempre deu ênfase às desigualdades socioeconômicas, tem explicado a desigualdade racial em termos das relações entre classe e raça, tendo como pano de fundo o que se pode chamar de 'condição inicial'. Essa condição inicial é dada pelo inescapável fato histórico de o que é o Brasil ter sido outrora um território invadido e colonizado pelos portugueses, os quais, por meio da força, escravizaram primeiro os habitantes nativos e, depois, enorme contingente de africanos... No momento da abolição, foram suprimidas as barreiras formais que a escravidão oferecia à competição dos negros com os brancos pelas posições sociais. Mas quando os portões são abertos e se faculta aos negros o ingresso na corrida, os brancos já estão quilômetros adiante. Essa é a condição inicial[1].

A questão da democracia racial no Brasil foi iniciada a partir de alguns estudos realizados por sociólogos do século passado. As ideias do "homem cordial" de Sérgio Buarque de Holanda e, principalmente, o livro de Gilberto Freire "Casa Grande e Senzala" mostram o quanto no Brasil as relações raciais eram mais amigáveis. Embora Gilberto Freire não deva ser totalmente responsabilizado pelas ideias da democracia racial, pois fora cunhado o termo, na realidade, por Charles Wagley[2] foi no livro de Freire que a questão se popularizou e tornou-se mais romanticamente aceita. Embora, segundo Guimarães, Freire usou o termo muito depois que a discussão já era consenso entre os intelectuais, pois o termo por ele cunhado foi democracia étnica. Logo:

> Sem ter cunhado a expressão, e mesmo avesso a ela, já que evocava uma contradição em seus termos, mas grandemente responsável pela legitimação científica da afirmação da inexistência de preconceitos e discriminações raciais no Brasil, Freyre manteve-se relativamente longe da discussão enquanto a ideia de democracia racial permaneceu relativamente consensual, seja como tendência da sociedade brasileira, seja como padrão ideal de relação entre as raças no Brasil[3].

Para Freire, a democracia étnica era uma característica do povo brasileiro. Isso se resultava numa democracia social. Ou seja, não havia diferenças sociais pautadas no conceito de raça que demarcavam as oportunidades ou falta delas entre as populações brancas, negras e indígenas. Tanto o racismo no país era considerado de menor efeito e até nulo porque a compreensão mais contundente era de que o Brasil era um povo, nação, não tendo uma raça específica.

Essas ideias sobreviveram por muitos anos na academia brasileira. Até que numa pesquisa pedida pela UNESCO, o sociólogo Florestan Fernandes (1964) postulou que, na verdade, o Brasil estava submerso numa desigualdade sem igual que mascarava a realidade. Havia muitas desigualdades entre negros e brancos e os negros estavam sendo desfavorecidos por milhares de anos. Para ele os desiguais deviam ser tratados desigualmente para que houvesse a possibilidade de se equiparar as condições sociais. Talvez este tenha sido o momento de maior importância na academia em relação às desigualdades entre negros e brancos no Brasil, pois antes havia um consenso de as relações raciais no Brasil se mantinham em pé de igualdade de oportunidade e de acesso aos bens sociais, educação, trabalho, oportunidades.

Este tema, a partir de então, foi debatido por muitos pensadores que agora seguiam os passos de Fernandes e ratificavam a cada pesquisa as observações do autor. Hoje a ideia de democracia racial já está ultrapassada, embora alguns ainda venham tentando mantê-la e até solidificá-la, principalmente, quando percebem os negros mais ativos na luta por mais oportunidades, inserção e políticas públicas reparadoras.

Políticas de inclusão racial nas instituições teológicas para alunos e professores

Uma das minhas observações tem sido perceber que nas instituições de ensino teológico ou afins, quase não existem pessoas negras em posições de decisão. Vemos poucos professores negros, secretários ou coordenadores de instituições teológicas. Parece que os líderes das denominações, por defenderem o discurso do não racismo e da não discriminação, não se importam com a invisibilidade dos negros em suas instituições teológicas.

Uma das grandes contribuições para as políticas públicas no Brasil e para os negros que fazem parte da membresia das igrejas seria ver nos quadros docentes, tanto de bacharelado como das pós-graduações, professores negros que seriam representações de um grupo que longe de ser o menor, participa ativamente das igrejas. Como sugeri em meu livro "A religião mais negra do Brasil":

> Outra sugestão que pode servir para que a Igreja se envolva com as políticas de ações afirmativas é viabilizá-las nas instituições teológicas, não só colocando um número razoável de negros e negras nos quadros de funcionários assalariados, mas investindo em professores negros para que a docência das instituições seja bem representada por membros da raça negra. Além disso, essa medida

> viabilizaria bolsas de mestrado e doutorado que quase sempre estão longe do poder aquisitivo da população negra[4].

Isto parece ser de importância irrelevante, entretanto, quando os negros se verem e se identificarem nas instituições teológicas se sentirão mais acolhidos e livres para se aventurarem nos estudos nestas instituições evidenciando as suas vocações ministeriais.

A igreja evangélica em geral deve começar as políticas de ações afirmativas a partir dela mesma para reparar os males causados aos negros durante a história desde a sua chagada ao Brasil. Tenho algumas sugestões que percebo serem importantes para que essa reparação seja condizente com a distância da cultura, dos anseios, do jeito de ser dos negros que fizeram opção por Cristo que reina também em suas vidas. Ressalto neste espaço duas sugestões. As instituições teológicas podem aderir ao sistema de cotas dando oportunidade aos negros e as negras de estudarem teologia, missões e música sacra no sistema de bolsas que facilitem a permanência dos alunos negros. Fora isto, essas instituições deveriam dar oportunidade por intermédio de cotas para que negros e negras possam continuar os estudos fazendo mestrado e doutorado. Para que isto aconteça, a segunda ação da igreja como instituição reparadora pode ser a abertura de cursos focados para as pessoas carentes e as pessoas negras. Cursos de idiomas visando preparação para as provas de mestrado e doutorado nas áreas teológicas ou até pré-vestibulares nas igrejas que, em sua maioria, ficam nas comunidades mais carentes onde está a maioria da população negra do país. Se a igreja evangélica brasileira se abrir para ser instituição transformadora, deve olhar para a população negra como objetivo a ser alcançado, como manifestação de restauração social. Pois, por causa destes pensamentos racistas que foram postulados durante anos no Brasil, a igreja evangélica brasileira precisa agir em direção a uma reparação histórica.

Políticas de inclusão racial nas escolas e universidades de confissão religiosa evangélicas

As universidades que têm origem na história das denominações evangélicas como, por exemplo, Universidade Metodista de São Paulo e a Universidade Presbiteriana Mackenzie, podem ser um instrumento de inclusão que produza ascensão para muitos negros que estão lutando para crescerem no conhecimento. As universidades de confissão protestante devem ter políticas que possibilitem a entrada e a permanência dos negros nos diversos cursos acadêmicos.

As universidades que têm, em sua origem ou estrutura a fé cristã, como conduta e direcionamento, jamais podem ser lugares de discriminação dos pobres e dos negros. Pois, esta universidade é conhecida tendo a base cristã e, por isso, deve buscar manter-se submissa à justiça e igualdade.

Torna-se um grande desafio para as universidades de confissão religiosa manterem os níveis acadêmicos adequados a uma boa instituição e, ao mesmo tempo, se moverem em direção às políticas sociais estabelecidas na sociedade brasileira. Cada instituição deve ter a sua política de inclusão racial. As instituições de confissão religiosa devem primar por criar formas para inclusão de alunos pobres e negros.

Infelizmente, notamos no Brasil que a maioria das instituições que têm uma origem nas estruturas denominacionais fogem das políticas que visem a inclusão de negros e pobres. Não afirmo que nelas não existam negros e pobres, mas reitero que nelas não há nenhum planejamento para inclusão daqueles que, muitas vezes, fazem parte de suas estruturas denominacionais.

Em várias universidades de confissão religiosa a presença de negros é quase nula. E os que lá existem se perdem na invisibilidade oferecida por programas que não discutem sobre a situação da população negra no Brasil e, muito menos, na própria instituição.

Há relatos de pessoas negras e pobres sobre a discriminação que experimentam em universidades que deveriam, em tese, ser os lugares de igualdade promovida pelo evangelho. Como este não é o objetivo deste espaço, não convém relatá-los.

Maior acesso nas mídias evangélicas

Certo dia estava conversando com um editor de uma revista de conteúdo evangélico. Notei que naquela revista os negros nunca estavam nas capas. Perguntei por que não haviam negros em sua revista. Ele rapidamente me mostrou uma pobre matéria sobre o racismo. Então, me mostrou alguns poucos negros numa reportagem que falava que no Brasil não havia diferenças raciais e que nós somos todos iguais para Deus e que não existe racismo na igreja. Olhei para aquele homem e disse que eu estava me referindo à invisibilidade de negros nas capas da revista.

Comecei a pesquisar noutros veículos de comunicação entre as denominações cristãs como revistas, jornais e vídeos. Durante anos percebi muito pouco da presença negra nos periódicos direcionados ao público evangélico em que os negros fossem referências em cartazes, fotos, revistas ou nas mídias de propaganda das gravadoras, empresas ou lojas de materiais evangélicos.

Outra vez, numa igreja evangélica pude observar que o palestrante, que usava a mídia como plataforma de sua mensagem, não colocava fotos de negros nas imagens por ele utilizadas para servir de fundo em cada slide. Ao me perguntar se eu havia gostado da igreja e de tudo o que lá ouvi, disse que tinha gostado muito. Ele, que já me conhecia percebeu alguma ironia em minha expressão, e insistiu para que eu falasse sinceramente se havia gostado ou se eu tinha notado algo que não tenha era adequado. Diante de sua insistência perguntei se ele desejava que os negros fossem à sua igreja. Assustado e surpreso, me perguntou o porquê daquela pergunta. Pude, então, lhe dizer que se os negros não poderiam fazer parte das imagens nos slides das reflexões e palestras daquela igreja, logo, os negros não eram aceitos ou desejados naquele lugar. Aquele pastor ficou apavorado com a conversa. No outro domingo quando lá estive só haviam slides com personagens negros. Disse para ele que não precisava exagerar, pois somos muitos, mas no Brasil não há só negros. Os slides poderiam ser divididos entre negros, índios e brancos.

Este fato, um tanto engraçado, me faz perceber que nas igrejas, nas instituições que trabalham com a mídia, nas revistas, nos jornais, nas gravadoras, nas televisões que trabalham com o público evangélico não há nenhuma preocupação com a representatividade da população negra. Deixam claro, aqueles pessoas que trabalham com essas ferramentas de comunicação, que não é importante a presença de negros em seus veículos.

Em outra oportunidade pude provocar uma gerente de uma grande organização cristã que trabalha em defesa das crianças pobres em todo o Brasil e em quase todo o mundo. Quando mostravam uma criança com fome apresentavam crianças negras geralmente sujas, com vestimentas rotas e com expressão de profunda tristeza e abandono. Ao questionar por que as crianças negras eram mostradas dessa maneira, a senhora que era de uma igreja protestante histórica imediatamente disse que não era verdade isto porque havia fotos de crianças brancas também. Ao mostrar uma foto de uma menina loira logo foi ironizada por uma socióloga que fazia parte da conversa. Ela percebera a menina numa postura de oração como se fosse um "anjinho falando com Deus", como afirmou no momento.

Estas e muitas outras histórias que este pequeno espaço não nos permite relatar o quanto no mundo evangélico os negros, embora seja a maioria, são completamente invisíveis ou são vitimizados e discriminados nos veículos de comunicação, ensino, ou entretenimento, bem como na propaganda e no marketing que tenham como foco as transformações sociais.

Conscientização dos empresários evangélicos sobre políticas de inclusão racial

Nas igrejas evangélicas existe um grande número de empresários. Desde os séculos XVI e XVII durante a reforma protestante e as suas ramificações a maneira de viver a fé cristã estava muito imbricada na maneira de ver o trabalho e o lucro advindo do trabalho profissional. Como disse Max Weber:

> o conjunto da literatura ascética de quase todos as confissões religiosas está impregnado pelo ponto de vista segundo o qual o trabalho leal, ainda que mal remunerado, da parte daqueles a quem a vida não facultou outras possibilidades, era algo extremamente aprazível a Deus. [...] a ascese protestante não apenas aprofundou ao máximo esse ponto de vista, como fez mais, produziu para essa norma exclusivamente a que que importava para sua eficácia, isto é, o estimulo psicológico, quando concebeu esse trabalho como vocação profissional, como o meio ótimo, muitas vezes como o único meio, de uma pessoa se certificar do estado de graça, e, por outro lado, legalizou a exploração dessa disposição para o trabalho quando interpretou a atividade lucrativa do empresário também como vocação profissional[5].

A vocação profissional que resultava no lucro era encarada como a vontade de Deus para os cristãos e propiciava um *ethos* de conduta que evidenciava uma vida mais confortável para todos os que assim viviam. Num ambiente capitalista, essa construção teológica caíra como uma luva para aqueles que conservavam as riquezas.

A relação das igrejas protestantes, em especial as do protestantismo histórico, sempre foi próximo da ideia do lucro e da profissão como vocação. A prosperidade se dava fruto de muito trabalho e reserva através da vida ascética e "*intramundana*"[6].

Hoje as igrejas estão distantes desta perspectiva. Pois, a compreensão que mais ganha terreno é a ideia de uma prosperidade calcada numa espécie de barganha com Deus na qual deve, num processo parecido com uma indulgência, pagar para receber as bênçãos de Deus.

Neste quadro vemos muitos empresários se envolvendo com esse tipo de crendice que nada tem a ver com o evangelho de Cristo. Mas, vemos muito trabalho sério que visam restaurar as vidas de muitos empresários fazendo-os reconhecerem que a riqueza que adquiriram pertence ao Senhor. Mesmo esses que têm posturas coerentes e bíblica em relação às suas riquezas não pensam na possibilidade de serem instrumentos de inclusão social e racial no Brasil.Conversando com um empresário que havia me convidado para trabalhar num projeto refletindo sobre questões raciais perguntei a ele, que tinha várias farmácias e distribuidoras de remédios, quantos negros eram os seus funcionários e quantos destes estavam em posições de decisão e não trabalhando como subalternos. Ele contou nos dedos, mas me perguntou surpreso como poderia fazer isso já que não podia colocar a raça daqueles que ele pretendia empregar nos anúncios de jornais. Disse para ele que era necessário uma política de inclusão de negros nos quadros das empresas. Prontamente, o empresário telefonou para sua secretária e disse que a vaga de secretária bilíngue que faltava preencher devia ser preenchida por uma mulher negra. Isso de fato aconteceu e a vaga foi ocupada por uma jovem negra.

Este episódio só me mostrou que os empresários brasileiros e, mais ainda os evangélicos, estão tão acostumados a não verem negros em algumas instâncias de poder que não se sentem responsáveis por dar a eles a experiência e as oportunidades para seguirem com profissionalismo e dignidade a vocação que receberam de Deus.

Obviamente, nestes últimos anos temos visto muitas mudanças no Brasil e observamos vários negros e várias negras em posição de destaque. Mas ainda entre os evangélicos, há a necessidade dos Recursos Humanos (RH) das empresas serem orientados a não impedirem a presença dos negros nos setores importantes das empresas. E cabe aos empresários formatarem com os seus pares políticas de inclusão de negros entre seus funcionários e não deixarem que estes só fiquem sendo representados nos cargos ou departamentos subalternos e inexpressivos.

Para relembrar e refletir

1. Para você quais são as características de semelhanças entre as várias igrejas e denominações evangélicas?
2. Qual a postura das igrejas evangélicas em relação às políticas de ações afirmativas?
3. Como as denominações evangélicas podem contribuir para as políticas de ações afirmativas e como podem aplicá-las?
4. Há possibilidade do empresariado evangélico se envolver com as políticas de ações afirmativas? Como?
5. O que você acha da pouca presença dos negros na mídia evangélica (TV, revistas, informativos, etc.)?

Notas

1 OSÓRIO. Rafael Guerreiro. Desigualdade Racial e mobilidade social no Brasil; um balanço das teorias. (in) THEODORO. Mario. (org), JACCOUD. Luciana. OSÓRIO. Rafael Guerreiro. SOARES. Serguei. As políticas públicas e a desigualdade racial no brasil: 120 anos após a abolição. IPEA – Instituto de Pesquisas Econômicas Aplicadas. Brasília. 2008. pag. 69-70

2 GUIMARÂES. Antônio Sérgio Alfredo. Classes, raças e democracia. São Paulo. Editora 34. 2002. pag. 139 . "Na literatura especializada, no entanto, o uso primeiro parece caber a Charles Wagley. "O Brasil é renomado mundialmente por sua democracia racial", escrevia Wagley, em 1952, na introdução ao primeiro volume de uma série de estudos sobre relações raciais no Brasil, patrocinados pela UNESCO (Wagley, 1952). Ao que parece, Wagley introduziu na literatura sobre "relações raciais a expressão de toda uma época e de toda uma geração de cientistas sociais".

3 GUIMARÂES. Antônio Sérgio Alfredo. Classes, raças e democracia. São Paulo. Editora 34. 2002. pag. 153-154

4 OLIVEIRA. Marco Davi de. A religião mais negra do Brasil: Por que os negros fazem opção pelo pentecostalismo? Editora Ultimato. São Paulo. 2015. pag.112.

5 WEBER. Max. A ética protestante e o Espírito do capitalismo. Companhia das Letras. São Paulo. 2004. pag. 162-163

6 WEBER. Max. A ética protestante e o Espírito do capitalismo. Companhia das Letras. São Paulo. 2004. pag. 108-110 "Uma ascese diferente da conduta monástica que apartava as pessoas do mundo e do cotidiano".

CONCLUSÃO

Este texto não põe fim ao assunto das políticas públicas no Brasil e não tenho também a intenção de dessecar todos os argumentos a favor, ou contra, em relação à perspectiva bíblica sobre tais políticas. Até por que aqui trabalhei alguns textos somente do Velho Testamento. Além de não ser um biblista (eles que me perdoem) e não saber muita coisa a respeito dos originais dos textos analisados. Entretanto, como negro e conhecedor dos limites e dos lugares que foram historicamente determinados à população negra e por viver os anos de minha vida envolvido com a teologia e com as dinâmicas da igreja evangélica, me arrisco a colocar nestas linhas estas reflexões que foram fruto de experiências, estudo e, sobretudo, percepção.

Notamos, prontamente, que existe na bíblia aspectos importantes para que nossa postura como cristãos diante das políticas de ações afirmativas seja mais positiva. A partir da bíblia aprendemos que muitos textos corroboram para que sejamos a favor das políticas públicas que visem diminuir as diferenças sociais na população brasileira. O racismo tem sido uma manifestação estrutural em nosso país. Nos últimos anos estamos vendo mudanças importantíssimas no cenário nacional. Os pobres, negros e índios estão alcançando níveis de empoderamento. O aumento de compra tem sido uma marca interessante para muitas camadas da sociedade que não tinham como se desenvolver. Tiramos muitas pessoas da miséria e, a maioria, negra com certeza. Os sistemas aprovados de cotas nas universidades, concursos públicos e cargos comissionados no Governo Federal poderão abrir mais as portas para a construção de um país mais igualitário e justo.

Entretanto, ainda percebemos a igreja evangélica brasileira reforçando comportamentos de intolerância contra outras religiões, sobretudo, de matriz africanas, tendo dificuldades em aceitar os ritmos da nossa cultura. Vemos uma igreja distante do assunto das políticas de ações afirmativas, e de outros assuntos relacionados a questão da população negra no Brasil.

Todavia, podemos ver uma parte da igreja brasileira em várias denominações tentando refletir sobre os assuntos concernentes à população negra brasileira. Igrejas que, com coragem, debruçam sobre a questão acompanhadas de várias organizações do Movimento Negro Evangélico que procuram discutir com os setores sociais a partir do lugar em que estão sem deixarem de manter a fé no Cristo ressurreto e Senhor.

Nestes anos pudemos pensar, discutir, analisar a igreja – se é que possamos falar de uma igreja brasileira – e, notamos em parte, desprezo pelo assunto através de líderes anunciando absurdos mesmo sendo pessoas públicas. Mas também, pudemos observar muitos negros e brancos realizando ações importantíssimas em busca de justiça e da igualdade racial no Brasil.

Talvez um dia as diferenças sociais baseadas no racismo dissipem e o Brasil se transforme numa nação saudável no que tange às questões raciais. Talvez nosso racismo que não tem sido moral (só em alguns que não se comportam como seres humanos) também deixe de ser sistêmico.

Que estas páginas tenham levado o leitor a compreender que a bíblia deve ser lida alicerçada em nossa pura realidade e em nosso cotidiano. Que elas sirvam para que a igreja no Brasil consiga ter estratégias construtivas para promoção de completa igualdade como é o ideal das Sagradas Escrituras.

Para relembrar e refletir

1. Como a igreja evangélica no Brasil e em todo o mundo pode ajudar a diminuir o racismo?
2. Quais devem ser as ações das igrejas e denominações evangélicas no Brasil e na América Latina para evitar a intolerância religiosa?
3. Racismo é pecado? Sim, não, por quê?
4. As cotas devem ser uma realidade em todos os países nos quais ocorreu a escravidão negra e indígena?
5. Você acha que Jesus Cristo pode ser o elo de reconciliação entre as raças e etnias?

Referências

ARANA, A. I.

Para compreender o livro do Gênesis. São Paulo: Paulinas. 2003.

BASBAUM, L.

História sincera da República: das origens a 1889. São Paulo: Alfa-Omega, 1986.

BERKHOF, L.

Teologia Sistemática. Campinas: Luz para o Caminho, 1990.

CÂMARA, N.

Escravidão nunca mais! Um tributo a Luiz Gama. São Paulo: Lettera.doc, 2009.

FANON, F.

Los condenados de la tierra. México: Fondo de Cultura Económica, 1963.

FAUSTO, B.

História do Brasil. São Paulo: Edusp, 2006.

GUIMARÃES, A. S. A.

Classes, raças e democracia. São Paulo: Editora 34, 2002.

Racismo e anti-racismo no Brasil. São Paulo: Editora 34, 1999.

Preconceito e discriminação. São Paulo: Editora 34, 2004.

IANNI, O.

Escravidão e história. *In*: *Debate e crítica*. Revista trimestral de Ciências Sociais. São Paulo: Hucitec, v. 6, 1973.

JACCOUD, L.

A construção de uma política de promoção da igualdade racial: uma análise dos últimos 20 anos. Brasília: Ipea, 2009.

A política de promoção da igualdade racial em 2006 e o programa de combate ao racismo institucional. *In*: *A construção de uma política da igualdade racial:* uma análise dos últimos 20 anos. Brasília: Ipea, 2009.

O combate ao racismo e à desigualdade: o desafio das políticas públicas de promoção da igualdade racial. *In*: Theodoro, M. (org.) *As políticas públicas e a desigualdade racial no Brasil:* 120 anos após a abolição. Brasília: Ipea, 2009.

KARASCH, M. C.

A vida dos escravos no Rio de Janeiro - 1808-1850. São Paulo: Companhias das Letras, 1987.

NABUCO, J.

Minha formação. Clássico Jackson. São Paulo: Editora Brasileira, 1970.

O abolicionismo. Rio de Janeiro: Bestbolso, 2010.

NINA, R. R.

Os africanos do Brasil. São Paulo: Madras, 2008.

OLIVEIRA, M. D.

A religião mais negra do Brasil: por que os negros fazem opção pentecostalismo? Rio de Janeiro: Contra O Vento, 2025.

OSÓRIO, R. G.

Desigualdade racial e mobilidade social no Brasil: um balanço das teorias. *In:* Theodoro, M. (org.). *As políticas públicas e a desigualdade racial no Brasil:* 120 anos após a abolição. Brasília: Ipea, 2009.

PASSOS, A. H. I.

De escravizado a cidadão: o negro no pós-abolição e a construção de uma política de branqueamento. I*n: Construindo a igualdade racial.* 1º prêmio para artigos de graduação e pós-graduação. 13 de maio de 2010. Secretaria Municipal de Participação e Parceria/ Coordenadoria dos Assuntos da População Negra. São Paulo, 2010.

SANTOS, E.

Prefácio. *In*: *A constituição de uma política de promoção da igualdade racial*: uma análise dos últimos 20 anos. Brasília: Ipea, 2009.

SCHWARZ, H.

Escatologia. *In*: Braaten, C. E. & Jenson, Robert W. *Dogmática cristã*. v. II. São Leopoldo: Sinodal, 1987.

TELLES, E.

Racismo à brasileira. Rio de Janeiro: Relume Dumará, 2003.

WEBER, M.

Ensaios de sociologia. Rio de Janeiro: Guanabara Koogan, 1982.

WILLIAMS, E.

Capitalismo e escravidão. São Paulo: Companhias das Letras, 2012.